本书田野调查获得国家社科基金"'人—水'和谐机制研究——基于太湖、淮河流域的农村实地调查"（项目编号：07BSH036）与江苏省研究生科研创新计划项目"生态现代化视角下的协调发展机制研究——以当涂模式为个案"（项目编号：CX08B_006R）资助

中国海洋大学"985工程"海洋发展人文社会科学研究基地建设经费资助
教育部人文社科重点研究基地中国海洋大学海洋发展研究院资助

| 海洋与环境社会学文库 | 文库主编　崔　凤

THE SOCIAL LOGIC
OF INDUSTRY TRANSFORMATION
Sociological Explanation
of the Crab Industry Development in Dagongwei

产业转型的社会逻辑
——大公圩河蟹产业发展的社会学阐释

陈　涛　著

社会科学文献出版社
SOCIAL SCIENCES ACADEMIC PRESS (CHINA)

总　序

党的十八大报告所提出的"生态文明建设"和"海洋强国建设"已经成为国内讨论的热点话题。正值此时，"海洋与环境社会学文库"正式出版发行了，也算是赶了一回时髦，加入当下的相关讨论中，以期为生态文明建设和海洋强国建设建言献策。

生态文明建设是事关国家未来的一项重大工程，既需要自然科学、技术科学，也需要人文社会科学，其中，环境社会学就是不可或缺的。环境社会学是通过对人的环境行为进行系统研究去探寻环境问题的社会根源、社会影响，进而提出解决环境问题的社会对策的一门应用社会学分支。在生态文明建设的背景下，我国的环境社会学将大有可为。

海洋强国建设是中国特色社会主义事业的重要组成部分。21世纪，人类进入大规模的海洋开发利用时期。海洋在国家经济发展格局和对外开放事业中的作用更加重要，在维护国家主权、安全、发展利益中的地位更加突出，在国家生态文明建设中的角色更加显著，在国际政治、经济、军事、科技竞争中的战略地位也明显上升。党的十八大作出了建设海洋强国的重大部署。实施这一重大部署，对推动经济持续健康发展，对维护国家主权、安全、发展利益，对实现全面建成小康社会目标、实现中华民族伟大复兴都具有重大而深远的意义。建设海洋强国，我们要坚持走依海富国、以海强国、人海和谐、合作共赢的发展道路，通过和平、发展、合作、共赢的方式，扎实推进海洋强国建设。海洋强国建设需要社会学，社会学要为我国海洋强国建设献计献策。因此，在海洋强国建设的背景下，我国的海洋社会学迎来了前所未有的发展机遇，也已登上大展宏图的舞台。

国内的环境社会学和海洋社会学近些年来取得了长足的进步，无论是学术组织的建设，还是学术会议的举办，都很成功而且具有非常大的影响力，同时，也出版了一些学术著作。然而，总体而言，这些著作比较零散，为了集中展示我国环境社会学和海洋社会学的学术成果，进一步提升环境社会学和海洋社会学的影响力，我们决定出版"海洋与环境社会学文库"。

其实，我们在谋划出版此套文库时，曾计划出版四套文库或译丛，即"海洋社会学文库"、"环境社会学文库"、"海洋社会学译丛"、"环境社会学译丛"。考虑到人力、财力等因素，最后决定将计划中的四套文库或译丛合并成一套文库，即现在呈现给大家的"海洋与环境社会学文库"。

"海洋与环境社会学文库"从选题上来看，包括海洋社会学和环境社会学两个部分；从作者来源上来看，既有国内的作者，也有国外的作者。就国内的作者而言，主要以中国海洋大学的教师为主，因为中国海洋大学社会学学科队伍一直致力于海洋社会学和环境社会学的研究，同时，"海洋与环境社会学文库"也敞开大门欢迎国内其他高校、机构的作者的加入。也许这样做有些乱，但这是现有条件下所能达到的最理想的结果。实际上，只要我们尽力了，相信读者会理解的。但愿"海洋与环境社会学文库"的出版能促进我国海洋社会学和环境社会学的发展。

崔 凤

2013 年 12 月 5 日于中国海洋大学崂山校区工作室

序　言

　　随着环境问题的日益严峻，无论是政府还是百姓，对环境都越来越关注，对环境的认知愿望也越来越强烈。在中国，研究环境的话语权早些年主要掌握在自然科学及工程领域。但随着很多环境问题"久治不愈"，环境问题的复杂性慢慢被公众及决策者认知，社会科学视角的环境研究日益彰显其重要性。陈涛博士从产业转型角度研究水环境，正可以增进这方面的认知。

　　这本书所研究的课题是我的一个基金项目的组成部分。2007年，当时还在读硕士的陈涛参加了我主持的国家社科基金项目"'人—水'和谐机制研究——基于太湖、淮河流域的农村实地调查"的研究工作。我在课题设计阶段提出了两种理想类型。一是"人水不谐"类型，英文简称为DDP类型，即环境衰退（degradation）和污染导致疾病（disease）、贫困（poverty）及其他次生社会问题。这是一个恶性循环的影响链。二是"人水和谐"类型，英文简称为EES类型（ecological, economical, and social development），即生态、经济与社会三方面是协调的。后来，陈涛在参加了多项田野调查和案例研究以后，将安徽省当涂县大公圩河蟹产业转型实践作为其博士学位论文的研究主题。

　　在过去三十多年的发展历程中，经济发展与环境保护成为两个很难协调的问题：要么环境良好却贫困，要么经济发展起来了却环境恶化。平衡设计的两个理想类型在现实中极不均衡——我们很容易发现很多"人水不谐"的研究点，但要找到接近理想类型的"人水和谐"的研究点却十分困难。这实际上也反映了我们当前环境保护或环境治理工作的真实性和艰巨性。大公圩地区的河蟹养殖是难得的诠释"人水和谐"理想类型的案例。采用生态养蟹方式养出来的螃蟹品质好，经济效益比较高。与此同时，蟹塘内的水质良好，比如，很多养蟹户在蟹塘里淘米洗菜，有的还直接从蟹塘中汲水做饭。蟹塘水质的保持，不是通过所谓的环保措施来实现的，在螃蟹生产的过程中是无额外环保成本的，因而也无须担心它是否可持续了。

陈涛通过大量的实地调查，向读者展示了大公圩由"大养蟹"向"养大蟹"和"养好蟹"的产业转型历程，这是一个非常有研究价值的案例。20世纪70年代之后，大公圩开始进行人工养蟹，在"只蟹克金"的利益驱动下，人们对"大养蟹"模式趋之若鹜。到了20世纪90年代中期，几乎所有养殖户都高密度地投放蟹苗，投放密度两倍甚至四倍于正常的密度。与此同时，养殖户完全忽略了螃蟹所依赖的蟹塘环境，以至于既是螃蟹食物又具有调节水环境作用的水草和螺蛳等水生动植物被消耗殆尽，水质由原来的Ⅱ类和Ⅲ类恶化为Ⅳ类和Ⅴ类。恶化的水环境导致河蟹患病及死亡率提高，进而导致养殖成本提高。与之相应，河蟹规格、质量的下降以及市场价格的降低导致产业的利润下滑。90年代后期，多数养殖户没有收益，有的甚至负债。"大养蟹"是典型的不顾生物生长的生态条件而一味追求经济高产出的结果，这样做的结果是养蟹经济效益下降、水生态条件恶化。2000年之后，当地的一些有心人开始思考和探索新的养殖方式，并在实践中摸索出了"种草、投螺、稀放、配养、调水"的生态养殖模式。这种新的被称为"养大蟹"的模式可以使经济增长与水环境相互协调、共生互利。实践发现：种植水草可以吸收水体的养分，清洁水体，同时为螃蟹提供良好的生长环境及部分饵料；投养螺蛳可以让螺蛳吃掉螃蟹吃剩的"残羹冷炙"，在清洁水体的同时，综合利用剩余物质，为螃蟹提供优质饵料，降低养殖成本。所以，在维持螃蟹养殖生态系统平衡的过程中，它们发挥了特殊的作用，既充分利用了容易污染的"剩余"养分，还在清洁水体、为螃蟹提供良好生境的同时，生产了螃蟹所需要的优质饲料，降低了生产成本。通过这种实践，不但河蟹的品质得到提升，市场竞争力增强，区域水质也恢复到Ⅱ类、Ⅲ类。事实上，生态农业的最大法宝就是最大限度地"变废为宝"，改善环境，提高经济效益。随着产业的成功转型，一些村的集体经济实力增强，村民的社会福利水平也随即提高。如兴村村集体有220万元的河面承包费收入，年终可以根据土地和人口给本村村民分红。此外，村集体医疗也有了新起色，对符合并愿意参加新型农村社会养老保险的村民，村集体经济支付30%的份额。此外，还为老年活动提供资金支持，丰富老年人的生活，等等。

陈涛博士这本书对产业转型进行了深入分析，其中，以下几个特点值得一说。

在生态技术推广方面，作者认为技术发明者、推广者和使用者处于不同的文化圈，并对技术推广体系创新和技术的社会适应性进行了深度分析。他指出，当地通过组织体系创新，解决了技术推广中的体制性缺陷，而技术标准化和本土化的社会意义更为重要。作者通过对农业从业者"老龄化"（年龄维度）、"妇女化"（性别维度）和"低文化"（教育维度）等社会文化特征的分析指出，社会适应性程度是衡量农业技术推广效果的根本标准。大公圩生态技术推广的实践表明，生态技术的成功推广，根源于当地对技术受众社会文化特征的准确把握，进而不断提高技术的标准化和本土化程度，将复杂的农业技术简化，化繁为简，化难为易，从而促进生态技术得到更好的推广与运用。作者进而指出：长期来看，提高农业从业者的科学文化素质是解决问题的根本措施；但在当前的社会发展阶段，只有准确把握农业从业者的社会文化特征，按照他们的语言和逻辑适当处理那些技术含量高、理论抽象程度高的复杂技术，这些技术才有可能进行有效推广。

在产业转型的民间实践方面，作者指出，在河蟹产业转型中，民间精英进行了最早的实践与探索。作者认为，民间实践是一个复合型的系统，其主体是当地从事河蟹养殖的公众。在很大程度上，水产专家确立的生态模式是对民间实践的提炼与总结,而民间实践根源于地方知识。就生态养殖模式的确立而言,地方知识的功能并不是外显的,而是内嵌于水乡人的文化知识结构以及他们的生产生活实践之中。在此基础上,作者建构了从"生态自发"到"生态利益自觉"的分析框架——通过对既有粗放型养殖模式的反思和不同养殖模式的比较,民间精英最初具有的是生态自发意识,而后在一定的环境—社会系统内形成了生态利益自觉理念。当生态利益自觉成为普遍性的社会行为时,"自下而上"地抵制污染产业和"自上而下"地预防污染都形成了一定的社会机制。作者指出,在现代外源技术占据绝对话语权的背景下,既要充分发挥官方在产业转型中"自上而下"的引领功能,也要为民间精英的生态实践及其"自下而上"的技术革新创造相应的社会氛围。

在产业转型的社会效应方面,作者认为,河蟹生态产业发展不仅促进了经济效益与环境效益的双赢,也影响了地域社会,使产业影响所及人群构成了有联系的整体性社会,作者将之称为"以河蟹产业为媒介的地域社会"。作者对此的界定是:这是由特定人群所组成的具有特定结构的地域共同体,是一个深受河蟹产业发展影响甚至依赖河蟹产业的区域性社会。具体来说,就是在大公圩这样的地域范围内,生态产业影响所及人群构成了有机联系的整体性社会,并借以形成了区域性社会关系体系。在这样的地域社会中,受影响人的环境知识、环境意识及环境行为的自觉性得以提高。在中观层面,社会结构、社会分层、社会福利、社区生产生活、民间社会制度以及亚文化等都是以河蟹产业为媒介而产生的,河蟹产业成为社会子系统运行的中枢。

此外,这本书还探讨了其他方面有价值的话题。当然,我作为导师,其实很期盼能看到更多的关于地方性知识的讨论,但这本书实际上没能满足我在这方面的阅读好奇心。这或许是阅历或地域经验缺乏的缘故,若干年后陈涛或许会有新的认识。

这本书是根据陈涛的博士学位论文修改而成的。陈涛的博士学位论文获得了北京大学主办的首届"余天休社会学优秀博士论文提名奖",

这一荣誉也算是对他前期工作的肯定吧。

陈涛从2007年8月第一次去调查点到2013年7月为完善书稿而进行补充调查，一共去了10次，调查研究深入到位。比如，他根据河蟹产业的季节性特征，于春夏秋冬不同时节分别前去调查，以期达到对产业发展的系统认知。又如，他对典型村落和农村精英开展了数次追踪与回访，以期获得较为全面的信息和整体的理解。即使是到中国海洋大学工作以后，他依然坚持在暑期前去开展调查，做跟踪研究，既收集了新信息，更新了相关数据，也发现了产业发展中的新问题及生态产业发展中的新进展。对他而言，这种"乐此不疲"没有外在的压力，完全源于其对学术研究的兴趣，体现了一名青年学者对学术研究的执着与敬业。

值本书出版之际，我祝愿他在环境社会学领域继续勤于耕耘，取得更好的业绩，为环境社会学学科增绿。

是为序。

陈阿江
2014年3月22日于南京

目 录

第一章 导论 …… 1
  一 选题背景与研究缘起 …… 1
    （一）选题背景 …… 1
    （二）研究缘起 …… 4
  二 研究问题与研究框架 …… 6
    （一）研究问题 …… 6
    （二）核心概念 …… 7
    （三）篇章结构 …… 7
  三 文献回顾 …… 8
    （一）农业环境问题研究 …… 9
    （二）生态现代化研究 …… 12
    （三）产业转型研究 …… 15
  四 研究方法 …… 18
    （一）理论与经验的嫁接 …… 19
    （二）田野研究路径 …… 20
    （三）研究资料的收集 …… 23
    （四）研究资料的分析 …… 26

第二章 研究区域与研究对象 …… 28
  一 研究区域 …… 28
    （一）县域区位与社会经济 …… 28
    （二）皖南首圩及其河蟹产业 …… 31

二　斜"N"形的产业变迁 ……………………………………… 35
　　　　（一）从人工养蟹到"大养蟹" …………………………… 36
　　　　（二）遭遇"寒流" ………………………………………… 37
　　　　（三）柳暗花明："养大蟹" ……………………………… 41
　　　　（四）再上新台阶："养好蟹" …………………………… 43

第三章　适用技术 …………………………………………………… 45
　　一　生态技术的推广体系 ……………………………………… 46
　　　　（一）农业技术推广的体制性困境 ……………………… 46
　　　　（二）生态技术推广的组织体系创新 …………………… 49
　　　　（三）生态技术推广系统 ………………………………… 50
　　　　（四）生态技术推广中的"梯级层次" …………………… 56
　　　　（五）生态技术如何扎根农村？ ………………………… 60
　　二　生态技术的社会适应性 …………………………………… 62
　　　　（一）生态技术推广中的主体 …………………………… 62
　　　　（二）生态技术推广的标准化 …………………………… 64
　　　　（三）生态技术扩散的本土化 …………………………… 68
　　　　（四）技术适应性的社会机制 …………………………… 71

第四章　组织体系 …………………………………………………… 75
　　一　民间组织 …………………………………………………… 75
　　　　（一）亲缘/血缘组织 ……………………………………… 76
　　　　（二）企业/协会组织 ……………………………………… 79
　　二　政府组织 …………………………………………………… 85
　　　　（一）产业规划机制 ……………………………………… 85
　　　　（二）政绩考核办法 ……………………………………… 90
　　　　（三）水面承包模式 ……………………………………… 95

第五章　生态资本 ································ 98

一　生态资本的社会文化观 ···················· 98
　（一）概念的提出与厘清 ···················· 98
　（二）生态资本的社会属性 ················ 103

二　生态资本的市场配置 ······················ 108
　（一）市场需求结构与生态等级认证 ······ 109
　（二）有机食品及其市场机遇 ·············· 111
　（三）河蟹销售的三级市场 ················ 115

三　生态资本的产业效应 ······················ 120
　（一）休闲渔业 ······························ 120
　（二）招商引资 ······························ 122

第六章　民间实践 ································ 125

一　从"自上而下"到"自下而上" ········ 125
　（一）政府倡导的革新模式遭遇失败 ······ 126
　（二）民间社会对新模式的探索 ·········· 127
　（三）民间实践的社会文化背景 ·········· 131
　（四）民间实践与生态文明建设 ·········· 133

二　从"生态自发"到"生态利益自觉" ···· 136
　（一）反思和比较中形成"生态自发" ···· 136
　（二）"生态利益自觉"及其逻辑机制 ···· 141
　（三）"生态利益自觉"的普遍化 ········ 145

第七章　社会文化效应 ·························· 148

一　以河蟹产业为媒介的地域社会 ·········· 148
　（一）从项目社会到特色地域社会 ········ 148
　（二）特色地域社会的框架体系 ·········· 150

二　河蟹产业对地域人群的影响 ·············· 152
　（一）受影响人及其受影响维度 ·········· 152

（二）环境知识、意识与行为 ………………………………… 153
　　（三）生态公民 ………………………………………………… 157
三　河蟹产业对地域社会的影响 ……………………………………… 159
　　（一）社会结构 ………………………………………………… 160
　　（二）社会分层 ………………………………………………… 161
　　（三）社会福利 ………………………………………………… 164
　　（四）社区生产生活 …………………………………………… 165
　　（五）民间社会制度 …………………………………………… 166
　　（六）亚文化 …………………………………………………… 168

第八章　研究结论 ……………………………………………………… 170
一　经济与环境"两难论"的破解 …………………………………… 171
二　工业化"宿命论"的破解 ………………………………………… 173
三　持续的革新与超越 ………………………………………………… 175
四　成功转型中的生态压力 …………………………………………… 176

参考文献 ………………………………………………………………… 178

后　记 …………………………………………………………………… 191

索　引 …………………………………………………………………… 195

图目录

图1-1　本书的篇章结构安排 …………………………………… 8
图2-1　当涂县在长江三角洲的地理区位 ……………………… 29
图2-2　大公圩区域水系与流向 ………………………………… 33
图2-3　大公圩农业人口与非农业人口构成情况 ……………… 35
图2-4　斜"N"形的产业变迁轨迹 …………………………… 35
图2-5　"寒流"致因说及其根源分析 ………………………… 41
图3-1　生态技术推广体系与组织结构 ………………………… 49
图3-2　科技示范户责任主体的学历结构 ……………………… 56
图3-3　农业发明从农业科学家到革新者及落后者的传播 …… 73
图4-1　全县工农业经济布局 …………………………………… 88
图5-1　河蟹的认证等级 ………………………………………… 111
图6-1　于先生的生态认知路线图 ……………………………… 142
图7-1　以河蟹产业为媒介的地域社会的框架结构 …………… 151
图7-2　社会分层路径Ⅰ ………………………………………… 163
图7-3　社会分层路径Ⅱ ………………………………………… 164

表目录

表1-1	重大环境污染事件（2006—2014年）	2
表1-2	困境中的湖泊围网养蟹产业	5
表2-1	大公圩农业人口与非农业人口构成情况	34
表2-2	大公圩人工养蟹的发展历程（1973—1986年）	36
表3-1	技术指导员的性别、年龄和文化结构	52
表3-2	科技示范户责任主体的年龄结构	54
表3-3	技术受众的社会文化特征	58
表3-4	技术推广—应用中的三大主体	63
表3-5	池塘生态养殖技术操作规程	65
表4-1	单位面积生态养殖水面成本—效益分析	77
表4-2	塘南镇历届"蟹王"、"蟹后"大赛情况	90
表4-3	全县"蟹王"、"蟹后"大赛情况	90
表4-4	乡镇农业工作考核中的水产生态养殖指标	94
表4-5	各乡镇水面承包期的改革时间	96
表5-1	美国有机食品与普通食品的市场价格	114
表5-2	中国大陆有机食品与普通食品的市场价格	114
表5-3	建设中的休闲渔业基地	122
表5-4	第三届"螃蟹节"期间签约的项目	123
表5-5	第三届"螃蟹节"期间农业招商签约的项目	123
表6-1	生态养殖精英对不同时期的水面条件分析	138
表6-2	生态养殖精英于先生实施生态养殖前后的水面竞标价	144

表6-3 "生态自发"与"生态利益自觉"的基本维度分析 …………… 147
表7-1 大公圩实施的具有代表性的生态养殖项目 …………… 150
表7-2 公民的三种类型 …………………………………………… 158
表7-3 后世界主义与现实世界的生态公民 ……………………… 159
表7-4 兴村社会福利发放标准 …………………………………… 165
表8-1 大公圩农产品等级认证情况 ……………………………… 174

第一章 导论

在现代性的语境下,发展是人类无法绕开的课题,也是社会学家关注的重要内容,不少社会学家甚至将"发展研究"作为自己的学术使命。比如,费孝通(2007)将自己一生的研究课题归纳为"志在富民"。随着工业化和现代化的快速推进,发展中的生态破坏和环境污染问题越来越突出,已严重制约着人类社会的可持续发展。因而,发展主题已不再是单纯的经济增长,而是如何实现经济发展与环境保护的互利共生。在此背景下,社会学的现实关怀催生了一门新兴学科——环境社会学(Environmental Sociology)。本书就是在环境社会学学科视角下,通过在大公圩的实地调查,以河蟹产业转型的社会文化机制及其效应为基本线索,研究粗放型产业的生态转型,进而探讨"生态何以可能"这一议题。

一 选题背景与研究缘起

(一)选题背景

本研究主题的选择是基于生态系统严重恶化的现实。中国改革开放以来,现代化建设取得了举世瞩目的成就,但生态退化问题同样十分严峻,一些地方甚至出现了"有水皆污"、"逢雨必酸"的局面。生态恶化导致了严重的社会问题。比如,2013年以来,雾霾天气导致了大范围的道路管制、机场关闭以及港口停运,不仅影响了正常的生产与生活秩序,而且影响了公众健康和国家形象,甚至引发了外交纠纷问题,引起了国内外媒体、政府、公众和学界的高度关注。

2006年9月之前，笔者只是以一名普通社会成员的身份关注着媒体报道中的环境污染事件，并没有学理层面的认识与理解。2006年9月，笔者攻读硕士学位时，开始与之"亲密接触"。在导师的鼓励下，笔者将环境社会学作为自己的研究方向。①从此，笔者开始以社会学的视角记录那些层出不穷的、产生重大社会影响的环境污染事件（见表1-1），关注并理解这些污染事件产生的社会文化机理以及污染事件导致的社会性恐慌、群体性事件、社会冲突与社会危机、弱势群体的抗争等一系列社会问题。

表1-1 重大环境污染事件（2006—2014年）

年份	环境事件	社会经济影响
2006	湖南岳阳砷污染事件	县城饮用水源地新墙河发生水污染事件，砷超标10倍左右，8万名居民的饮用水安全受到威胁和影响
2007	太湖蓝藻事件	水危机扰乱数百万人的正常生活，引起全球广泛关注
2008	广州钟落潭污染事件	41名村民在自家或在饭馆吃过饭后，都出现了呕吐、胸闷、手指发黑及抽筋等中毒症状
	贵州独山砷污染事件	患轻度砷中毒病人13例，亚急性砷中毒病人4例
2009	江苏盐城水危机	盐都区、亭湖区、新区等部分地区发生断水，2个自来水厂关闭，矿泉水10分钟涨价2次。至少有20万名居民的生活受到不同程度的影响，事件发生60小时后，盐城市区供水才恢复正常水平
	内蒙古赤峰市水污染	水污染直接导致接受门诊治疗的人数达到4020人，其中住院留观88人
	陕西凤翔儿童血铅超标事件	851人血铅超标，其中174名中、重度铅中毒儿童需要住院进行排铅治疗。村庄需要整体搬迁，而居民搬迁需要4年时间
	湖南武冈儿童血铅中毒事件	80多名儿童出现血铅超标症状，其中高铅血症38人，轻度中毒28人，中度中毒17人
	湖南浏阳镉污染事件	工厂排放镉超标，导致环境污染。截至2009年7月31日，在已出具的2888人的有效检测结果中，尿镉超标509人。数千群众上街抗议

---

① 笔者至今仍然清晰地记得那是开学不久后在系办公室的一次谈话。陈阿江教授当时积极鼓励笔者做环境社会学研究，认为这是一个新兴的并且很重要的研究领域。他说："学术研究要敢于突破和创新，敢于做别人尚未涉及以及涉及不多的研究领域。"同时，他也明确告诫笔者，这一过程有很大风险，究竟将来做到什么样要看自己的悟性和研究能力。当时，笔者对究竟什么是环境社会学、如何研究环境社会学、环境社会学有哪些理论等完全是一片空白。笔者查阅文献后发现，当时国内环境社会学既有的研究资料很少，但抱着对未知领域的兴趣，笔者还是选择了环境社会学这个研究方向。

续表

年份	环境事件	社会经济影响
2010	湖南嘉禾儿童血铅超标	截至2010年2月24日，湖南嘉禾县被曝250名儿童血铅超标。污染企业附近泥土的铅含量超出国家标准5.52倍，砷超标2.1倍，镉超标0.6倍
	湖南郴州铅污染	2010年3月17—22日，郴州市两家血铅定点检测单位共接待了285人检测。检测结果显示：血铅超标人数为152人，血铅中毒人数为45人，均为14周岁以下儿童，其中30名血铅异常儿童住院治疗
2011	重金属污染事件频发	爆发了诸如浙江台州铅污染事件、云南曲靖铬渣事件、甘肃徽县血镉超标事件等多个重金属污染事件，产生了重大社会经济影响
	蓬莱19-3油田溢油事件	中国渤海蓬莱19-3油田发生溢油，事故持续数月，污染海洋面积达6200平方公里，将对渤海生态系统产生长期影响。此次溢油事件不仅导致了严重的经济损失和生态破坏，也产生了广泛的社会影响
2012	广西龙江河镉污染事件	1月15日，广西龙江河发生严重镉污染事件，镉含量超出《地表水环境质量标准》Ⅲ类标准约80倍。事件披露后，龙江下游多个超市发生抢购瓶装水事件
2013	举国关注雾霾	1月9日后，全国中东部地区陷入严重雾霾。从东北到西北，从华北到中部乃至黄淮、江南地区，都出现了大范围的重度污染
2014	雾霾问题不断	"战雾霾"再度成为举国关注的热点话题

资料来源：人民网、新华网、南方网。

表1-1只是笔者记录的重大环境污染事件的典型代表而已，实际发生的环境污染事件和未引起媒体关注的污染事件是此表所列事件的数十倍甚至数百倍。中国社会科学院"社会形势分析与预测"课题组研究资料显示，我国环境污染引发的群体性事件以年均29%的速度递增，对抗程度总体上明显高于其他群体性事件（李培林、陈光金，2009）。更为严重的是，砷、铅、铬、镉、汞等重金属污染问题日趋突出。这不仅造成了巨大的经济损失，还对居民的身体健康造成了重大危害，具有现代性特征的"癌症村"、"怪病村"因此而产生。事实上，这都是以牺牲环境为代价追求经济发展的必然后果。发达国家在现代化进程中也都出现了重大的环境污染事件，国际"八大环境公害事件"就是最好的注脚。其中，水俣病（Minamata Disease）事件的社会影响至今还未完全消除（Funabashi，2006）。

在攻读硕士和博士学位期间，笔者曾在内蒙古、江西、福建等地参与世界银行和亚洲开发银行等发展项目研究，对环境问题的区域性以及阶段性有了初步的认知，并发现污染产业由长三角和珠三角等经济发达地区向欠发达地区"梯度转移"的现象。2007年7月之后，笔者在相关项目的资助下，在苏南、苏北、浙北、鲁南、豫东、皖南和皖北等地区开展了大量的田野调查，既发现了环境污染导致社区疾病高发、环境抗争、社会冲突乃至生态移民的案例，也发现了一些经济发展与环境保护相对互利共生的案例，其间还到2个被联合国环境规划署授予环境保护"全球500佳"的社区进行实地调查。在田野研究中，笔者访谈了环境问题中的受害群体、非政府组织负责人以及环保局等政府部门的官员。这两种截然不同的发展模式促使笔者思考这样的问题：为什么会产生这样的差异？那些经济发展与环境保护相对互利共生的产业究竟是如何发展起来的？这些案例具有什么样的借鉴价值，能为其他社区的发展提供什么样的启示？这些田野调查中的现实思考既是笔者从事环境社会学研究的根基，也是笔者博士学位论文选题的缘起所在。

（二）研究缘起

本项研究可以追溯到2007年6月。当时，笔者在长江南岸的安徽芜湖县做田野调查，其间访谈了优质稻米育种专家蔡先生。蔡先生曾在当涂县乌溪镇[①]担任过副镇长，有着丰富的人生阅历。从上午10点到下午2点，蔡先生讲述了他对中国社会发展以及发展中环境问题的认知。特别重要的是，他谈到了其家乡大公圩地区的河蟹养殖与水环境变迁，这立即引起了笔者的浓厚兴趣。因为这是笔者未曾耳闻的"新鲜事"，而且事件本身就很有吸引力。笔者意识到，这里面可能蕴藏着丰富的宝藏，并当即确定了前去做田野调查的意向。

2007年7月，笔者参与了陈阿江教授主持的国家社科基金项目

---

① 按照学术惯例，笔者在行文中对关键地名和人员进行了匿名处理。本书对地名的处理原则是：乡镇及以上用实名，乡镇以下地名进行匿名处理；人名一般用"姓+先生/女士"的方式称谓。

"'人—水'和谐机制研究——基于太湖、淮河流域的农村实地调查"的研究工作。笔者有意对大公圩河蟹产业发展中的环境问题进行案例研究，并获得了陈阿江教授的认可。8月下旬，笔者独自赴乌溪镇开展实地调查，随后根据研究需要，辗转至塘南镇，并到后来多次回访的兴村进行调查，收集了丰富的第一手研究资料，并梳理了河蟹产业发展与水域环境变迁的逻辑关系。2008年1月，笔者带着课题组的两位师妹再次来到兴村，以生态现代化理论为视角进行了相关研究。虽然通过这两次调查，笔者完成了课题工作，并陆续公开发表了相应的论文，但是，关于"生态养殖产业究竟是如何转型、如何发展起来的"这个问题，还有很多的谜团有待揭开。

田野调查激发了笔者的研究兴趣与热情。2008年7月，笔者对苏南地区湖泊围网养殖中的环境污染及其治理问题进行了实地调查。2008年8月，笔者以"生态现代化视角下的协调发展机制研究——以当涂模式为个案"为题，申请江苏省研究生科研创新计划项目并获批准。在这些课题的资助下，笔者不仅探索了河蟹生态产业运行的一般机制，还调查了太湖、洪泽湖、石臼湖、阳澄湖、固城湖等湖泊围网养蟹中的环境问题，发现粗放型养殖不仅造成了严重的污染，也限制了产业的可持续发展（见表1-2）。这些调查促使笔者以更加宏观的视角研究河蟹生态产业运行的社会文化机制，并希望借此寻求可资比较的发展经验。

表1-2 困境中的湖泊围网养蟹产业

年份	流域	事件
2007	太湖	阳澄湖开展围网压缩行动
		固城湖围网养殖全面拆除
2008	三湖	环保部发文，要求三湖（太湖、巢湖、滇池）流域在2008年底全部取消围网养殖
	太湖	东太湖和阳澄湖在2008年和2009年进行了大面积的围网养殖压缩。东太湖全面压缩，阳澄湖由5373公顷压缩到2133公顷
2009	巢湖	巢湖市出台的《关于加快实施巢湖流域"十一五"水污染防治规划的意见》中，明确提出要全面取消巢湖围网养殖

资料来源：人民网、中国网。

笔者有关河蟹生态产业的调查研究，也引起了有关环境社会学家的兴趣。2008年12月，日本环境社会学家鸟越皓之（Hiroyuki Torigoe）教授来华访学。12月20日，笔者陪同鸟越先生一行到塘南水产科技示范园和兴村进行了实地参观和访谈。活动结束后，鸟越先生从生活环境主义视角所做的分析给笔者提供了新的思想源泉。2009年2月中旬，鸟越先生的博士生平井（Yusuke Hirai）来华，其唯一目的就是到生态蟹村——兴村做回访调查。调查之后的交流，丰富了我们彼此关于生态产业发展以及环境问题的解决路径的认知。

二 研究问题与研究框架

（一）研究问题

20世纪80年代以前，大公圩河网四通八达，水域清澈见底。到了90年代中后期，"大养蟹"导致水域生态系统遭受严重破坏，水质由Ⅱ类、Ⅲ类恶化为Ⅳ类、Ⅴ类。在此背景下，80%左右的养殖户亏本，河蟹产业遭受重创。2002年以来，通过以"养大蟹"为特征的生态养殖，河蟹产业重新崛起。一方面，生态养殖区域水质修复到国家地表水Ⅱ类以上，水域生物多样性指数明显提高；另一方面，河蟹产业得到可持续发展，并在农村经济结构中占有重要比重。综观大公圩，可以发现，它呈现一片"蟹天蟹地"的景象，是一个以河蟹产业为媒介、深受河蟹产业发展影响甚至依赖河蟹产业发展的地域社会。

笔者的研究假设是，污染的产生具有一定的规律性，从污染到生态的转型也具有一定的规律性，而这种规律性对我们认知生态问题和污染产业的生态化转型具有重要意义。据此确定的研究主题是：河蟹产业由污染型向生态型转型的社会文化机制及其效应是什么？具体研究问题是：生态型的"养大蟹"模式是何以形成的？从粗放型产业（"大养蟹"）到生态型产业（"养大蟹"）的转型有着什么样的社会文化机理？产业转型后，对地域社会及其内部的人群产生了什么样的社会文化影响？这对其他区域的产业转型能提供什么样的借鉴？同时，大公圩河蟹生态产业的运行，对中西部地区的经济社会发展能提供什么可资比较的发展经验？

本研究的时间范围是20世纪70年代以来的历史，空间范围聚焦于大公圩地区，但宏观社会背景（比如，国家制度特别是中央政府关于农村经济发展的政策，国家—社会关系格局，国际与国内市场的供求格局变化）一直贯穿全书始终。

（二）核心概念

本研究中的关键概念将在相应的章节中予以具体阐释。笔者这里先对贯穿全书的核心概念——产业转型、社会文化机制以及生态养殖精英等概念进行界定。

本书所说的产业转型，指的是产业的生态化转型，即从经济与环境相克转型为经济与环境互利共生，同时也指产业升级，即从低附加值转型为高附加值。

在"社会文化机制"一词中，"社会文化"为修饰"机制"的形容词。其中，机制有三重含义。一是事物各组成要素的相互联系，即结构；二是事物在有规律的活动中发挥的作用、效应，即功能；三是发挥功能的过程和原理。更概括地说，机制就是"带规律性的模式"（郑杭生，1994：40）。本书中的社会文化机制，即河蟹产业转型中带有规律性的、一般性的社会文化机理或原理。

本书中的生态养殖精英是指当地的农村精英。他们在河蟹产业转型中积极探索，其草根实践是技术专家后来所提炼的生态养殖模式的源头。具体来说，生态养殖精英具有如下特征：①他们是社区中的少数人；②文化水平较高并具有一定的创新和技术革新能力；③所拥有的社会资源比社区中其他人要多；④具有一定的生态利益自觉意识；⑤在产业转型中发挥了引领作用。

（三）篇章结构

根据上述研究主题与研究问题，本书的篇章结构安排如下：首先，在导论部分引出研究问题、回顾相关文献、介绍研究区域与研究对象；

其次，从适用技术、组织体系、生态资本和民间实践等四个维度分析河蟹产业转型的社会文化机制；再次，阐述产业转型引发的社会文化效应；最后，进行总结并探讨其借鉴价值（见图1-1）。

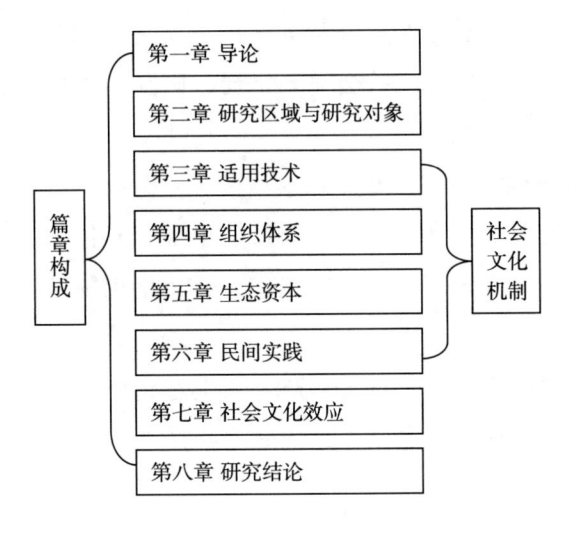

```
                  ┌─ 第一章 导论
                  │
                  ├─ 第二章 研究区域与研究对象
                  │
                  ├─ 第三章 适用技术 ─┐
                  │                   │
            篇章 ─┤   第四章 组织体系 ─┤ 社会
            构成  │                   │ 文化
                  ├─ 第五章 生态资本 ─┤ 机制
                  │                   │
                  ├─ 第六章 民间实践 ─┘
                  │
                  ├─ 第七章 社会文化效应
                  │
                  └─ 第八章 研究结论
```

图 1-1　本书的篇章结构安排

图1-1表明，产业转型的社会文化机制是本研究的重点内容。需要说明的是，适用技术、组织体系、生态资本和民间实践与河蟹产业转型息息相关，是核心的影响因子，但产业转型并不仅仅由这四个维度决定，其他相关因素也影响着河蟹产业的发展。首先，大公圩地处天然水域，这是河蟹产业得以发展的基础性的自然条件。其次，区位因素也很重要。一方面，大公圩是传统的农业区，水产经济基础好，优势明显；另一方面，大公圩紧靠长三角，邻近全国最大的河蟹销售市场——上海，紧邻南京禄口国际机场，是新鲜河蟹出口东南亚的场所之一，具有重要的区位优势。

三　文献回顾

研究内容决定文献述评的材料基础。本研究的学科视角是环境社会学①，研究的领域是农业（水产）中的环境问题，研究中围绕的核心是污染产业的生态化转型机制。因此，本书的内容决定了文献述评主要集中在三个方面：一是有关农业环境问题的社会学研究，二是生态现代化的理论探讨和经验研究，三是由污染产业/社区向生态产业/社区转型的相关研究。其中，后两个部分是重点内容。

（一）农业环境问题研究

1. 农业污染的社会学研究

农业污染的社会学研究主要表现在两个方面：一是从社会结构层面分析农业面源污染问题，不过这只是在农村环境问题研究中被顺便提及，并没有进行专门深入的研究；二是有关现代生产生活方式对农业生态系统的影响方面的研究。

首先，从社会结构视角对面源污染问题的研究。洪大用、马芳馨（2004）研究发现，农村环境污染是特定社会结构与社会过程的产物，二元社会结构是中国农村面源污染加剧且治理难度大的深层社会原因。在未来相当长的时期里，我国城乡分割的二元社会结构可能仍将继续存在，仍然会有相当多的人以农业为生，并且是以小规模的经营为主，这是农村面源污染治理中不得不面对的一个严峻现实。最终，我们必须依

---

① 从世界范围来看，环境社会学首先诞生于美国。一般认为，1978 年是环境社会学的诞生年。在亚洲，日本的环境社会学最为成熟。日本在 1990 年就成立了环境社会学研究会（饭岛伸子，1999：2），但他们对环境公害的社会学研究更早。20 世纪 90 年代中后期，中国社会学界才开始对环境问题进行有学科意识的研究。在环境社会学诞生之初，环境—社会关系，即环境与社会之间的相互作用与相互影响，被认为是这一学科的核心研究议题（Catton & Dunlap, 1978a, 1978b; Dunlap & Catton, 1979; Schnaiberg, 1975）。针对西方环境社会学家将环境—社会关系作为环境社会学的研究主题，洪大用提出了建设性的批判。他认为，所谓环境与社会的关系，只是这门学科的基础与研究的出发点，而不是研究的中心问题。他认为，环境社会学的研究主题应当是"环境问题的产生及其社会影响"。这门学科的主要任务应当是具体分析环境问题产生的社会过程和社会原因，分析环境问题作为一种新的"社会事实"是如何影响现代社会的，分析现代社会对于环境问题的反映及其效果（洪大用，1999, 2001: 59）。他还认为，环境社会学强调的是环境问题的社会原因以及社会原因的综合性，环境社会学致力于推动缓解环境问题的社会变革与建设（洪大用，2007）。这一学术观点富有建设性，环境社会学需要围绕环境问题产生的社会原因及其社会后果展开深入研究，进而建构有解释力的理论框架，而理论建设是当前中国环境社会学发展中的薄弱之处。

靠农民自身环保意识的提高和对环保活动的广泛参与,才能真正有效地控制和治理面源污染,而这无疑将是非常艰难而漫长的过程。麻国庆(1993)提出,要重视社会结构中诸如家庭、社会组织等与环境的相互关系。

其次,有关现代生产方式对生态系统的影响方面的研究。日本环境社会学家鸟越皓之(2009:37—40)认为,如果农业还按照传统的方式开展,从环保的角度看,是没有任何问题的,但是,人类的农业已经进入了一个完全不同的理论系统。这一般被称为"农业的现代化",或者"农业的工业化"。特别是,农作物的单纯化(单一化)和化学化生产,从生态的角度看,不能不对其持否定的态度。陈阿江(2000:233—237)在对太湖流域水污染的研究中发现,物质和能量的循环利用是生态系统保持平衡的关键所在。在传统农业社会,人们在生产生活实践中养成了充分利用废弃物的习惯,通过变废为宝促进生产,使生态系统平衡运作。比如,罱河泥这种生产活动既堆积了肥料也清理了河中的淤泥。所以,人在制造垃圾的同时也在转化、利用垃圾,使垃圾成为有用之物。也就是说,农业社会形成的生产、生活方式有利于圩田系统的生态平衡。在此基础上,他得出结论,传统乡土社会是一个有垃圾而无废物的社会,是一个废物被充分利用的社会。其后续研究指出,中国传统农业本质上是生态农业。当前农业所出现的环境问题,主要是由农业工业化(industrialization,一般译为产业化)理念与实践所造成的。他还认为,本研究中"大养蟹"时期的环境问题就是工业化理念所导致的典型案例(陈阿江,2009)。麻国庆(1993)研究了牧区生产方式与草原生态问题之间的关系,认为游牧民轮牧的生产方式有利于草原生态系统的保护。他在对草原区域生产方式与水环境关系的研究中发现,同样是蒙古族,从游牧的生产方式转化为农耕的生产方式之后,对水的利用的形式和方法发生了很大的变化,因而导致水环境出现问题(麻国庆,2005)。

无论是在美国还是日本,环境社会学诞生之初所研究的环境问题都集中在工业领域,而后扩展到农业领域。中国环境社会学目前仍然集中在工业污染领域,而农业领域的生态问题尚没有得到应有的充分关注。这固然与工业污染的严重性有关,但农业面源污染日益严重的事实也暴露出这方面研究的薄弱。上述有限的有关农业污染的社会机理研究,为本书提供了背景性的研究视角。

2. 农业社会学研究

现代农业带来了农业产量的增加,但与此同时,化肥和农药的大量投入也造成了土壤退化、水域污染以及食品安全等问题。卡森(Carson, 1962)所著《寂静的春天》是这方面的启蒙性研究成果。在此背景下,发达国家纷纷发展有机农业。在化学农业向有机农业的转型中,其间的社会变量引起了环境社会学家的关注。几乎与此同时,产生了农业社会学(Sociology of Agriculture)的研究课题。

Dunlap 和 Martin(1983)首先批评了农村社会学研究中对环境问题的忽视,主张将环境这一变量带入农村社会学的研究领域。巴特尔(Buttel,1993)对此进行了系统的梳理:20 世纪 70 年代末期之前,发达国家的环境研究者关注的主要是荒地保护(wildland preservation)、城市工业污染源和环境退化问题,对农业关注甚少;随着农业发展中环境问题的严重化,环境社会学家开始对之进行研究,并提出了"农业社会学"这样的专门概念。他和他的研究团队将农村社会学研究划分为三个阶段(Buttel, Larson, & Gillespie, 1990:1-169):第一阶段是 20 世纪初到 20 世纪 50 年代早期,研究主题是农业结构;第二阶段是 50 年代早期到 70 年代早期,研究主题是农业活动中的行为主义和社会心理;第三阶段是 70 年代早期之后,研究的是新农业社会学(New Sociology of Agriculture)。新农业社会学的研究主题包括两个方面,一是农业的政治经济学和社会结构(比如农场、农业劳动力),二是农业的环境问题。Albrecht 和 Murdock(1990:77-84)在《美国农业社会学》(*The Sociology of US Agriculture*)这本书中,通过对土壤流失和水资源稀缺两个维度的测量,描述了资源稀缺对农业发展所产生的影响。中国学者有关农业社会学的研究是新近的事情。2009 年出版的《农业社会学》是国内迄今为止唯一一本论述农业社会学的作品，里面涉及农业环境问题这一维度，并论述了农业的深度（如发展有机农业）和广度（如利用地理、生物和文化的多样性发展乡村旅游）方面的问题（朱启臻，2009）。

农业社会学丰富了环境社会学的研究内容。但是，无论是西方的农业社会学还是中国的农业社会学，在环境社会学的研究体系中所占的比重并不大。Buttel、Larson 和 Gillespie（1990：195）指出，影响农业社会学未来发展的重要因素之一就是理论突破。然而，农业社会学在这方面至今尚未取得明显的进展。

（二）生态现代化研究

鉴于工业化浪潮带来的生态恶化问题，传统的现代化理论遭到了严厉的批判。极端环境主义对此批判尤甚，但极端环境主义的主张在实践层面并不具有可行性。在经济与环境的权衡方面，诞生于西欧的生态现代化理论（Ecological Modernization Theory，简称 EMT）是一个比较有效的折中方案。

生态现代化理论是一个理论群或者理论集合，而不是一种具体的理论学说。该理论最初是由德国学者胡伯（Huber）提出的。此后，一直到 1992 年，生态现代化一直是在德语等西方语言的世界中讨论，而围绕这一理论的讨论和研究则主要是在英语文献中（Fisher & Freudenburg，2001）。按照美国环境社会学家巴特尔的观点，生态现代化思潮的快速发展和崛起，倒不是因为它是一种发展完备的社会理论，而是因为它特别符合很多政治经济因素的诉求，其中很多已经超越了社会学和环境社会学的范畴（Buttel，2000）。综合而言，生态现代化这一概念运用于两个层面。其一，作为分析和解决生态危机问题时的一个理论概念被运用。其二，更多的是在实践层面上，作为环境政策的一个政治纲领被运用。在此意义上，生态现代化或多或少包括一些具体的应对环境问题的策略（Spaargaren & Mol，1992）。西方学者对生态现代化理论表现出浓厚的兴趣，并对其进行了批判性的研究（代表性的文献主要有：Buttel，2000；Cohen，2006；Fisher & Freudenburg，2001；Sonnenfeld & Mol，2002；

York & Rosa，2003），但批判并不意味着理论是经不起推敲的。相反，这意味着它得到了更多关注（Bell，2004：166）。在生态现代化的理论发展中，诞生了技术流派、政策流派、社会流派和经济流派等不同的派别（Milanez & Buhrs，2007）。

　　生态现代化理论的发展经历了三个阶段。第一个阶段以胡伯和杰内克的研究为代表，该阶段的特征是非常强调技术创新在环境治理中的重要性。第二个阶段自20世纪80年代末期开始，不再过于强调技术创新，而更加关注生态现代化中的制度和文化机制。第三个阶段是20世纪90年代中期至今，一方面不断加强对生态现代化全球机制的关注，另一方面对发展中国家、中东欧国家以及美国等非西欧国家开展研究（Mol，2000）。在生态现代化理论研究中，形成了多种学术观点，比如Christoff（1996）的"弱生态现代化"（Weak Ecological Modernization）和"强生态现代化"（Strong Ecological Modernization）论断。影响最大的是莫尔的生态现代化论点，学界一般将之称为"社会变革与生态转型论"。莫尔认为，生态现代化理论已经成为理解和解释现代工业国家如何应对环境危机的主导性社会学理论之一。为了实现这种理解，它聚焦于与环境退化和改革有关的社会实践变迁以及组织发展（Mol，2000）。他认为，尽管生态现代化理论诞生于西方，但其适用范围并不局限于西方，同样可以推广到包括中国在内的新兴工业化国家（Mol，2006）。莫尔等人将生态现代化理论的基本要点归纳为三个方面。首先，科学技术不仅被认为在导致环境问题方面难免其咎，也被认为在治理和预防环境问题方面发挥着现实的以及潜在的作用。其次，作为生态重建的社会载体，经济与市场机制以及经济主体（生产者、消费者、信用机构、保险公司等）的重要性日益增长。最后，政府和民族国家在环境改善中的传统地位（中心角色）发生了转变，出现了更加去中心化的、灵活的和协商的国家管理模式，不再是"自上而下"的科层式的命令—控制管理（Mol，2000；Mol & Sonnenfeld，2000：6）。由此不难发现，生态现代化理论事实上提供了与"生产的跑步机"（the treadmill of production）等具有悲观主义色彩的理论相反的体系,展示了环境治理的希望(Buttel,2000)。当然,生态现代化并不会自动实现。而且,生态现代化的实践还要求政治现代化,要求利益多元和思想多元的社会基础。此外,它也需要公民的积极参与,需要公民在消费中做出合理选择,以推动政府和经济向生态理性的方向前进(Bell,2004:166)。

从最初的"技术专家治国"特性,发展到当前综合全球化、消费转型、环境流动等问题的理论,生态现代化理论在不断的争论中得到发展(刘文玲、王灿、Spaargaren、Mol,2012)。近年来,国内学者掀起了生态现代化的研究热潮。其中,政治学、经济学等学科展开了很多的学术讨论和争辩,但社会学界的研究依然有限。《中国现代化报告2007——生态现代化研究》详细阐述了生态现代化的基本理论、发展历程以及中国生态现代化的路径和目标等,认为"生态现代化是现代化的生态转型,但是生态现代化不是单纯的环境保护,不是单纯的污染治理,不是单纯的经济发展,也不是单纯的以人为本,而是经济与环境互利双赢,人类与自然互利共生"(中国现代化战略研究课题组、中国科学院中国现代化研究中心,2007:207)。整体而言,生态现代化理论的基本要点可以这样概括:①经济发展与环境保护是"正和关系",而不是"零和游戏";②治污主体包括政府、企业和社会公众,而不仅仅是政府;③生态现代化是初端预防型而不是末端治理型的环境保护策略。它不是从污染的工程技术治理入手,而是从改变人的行为模式和经济社会发展模式入手,以促进环境保护与经济发展的互利共生。宋林飞(2007a:287—291)对生态现代化理论流派进行了比较系统的梳理,重点分析和评述了"预防型"策略论、社会变革论、"弱化"与"强化"论和社会选择论等四种理论流派。在此基础上,他提出了深刻反思传统现代化实践模式、推进生态现代化的制度设计和制度创新的政策建议:一是发展绿色工业,推进生态现代化;二是发展绿色生产力和绿色科技,为生态现代化提供动力机制;三是以科学的制度设计推动生态现代化建设。洪大用(2012)认为,中国在经济增长过程中不断强化环境保护,追求经济增长与环境保护相协调，体现出生态现代化取向。但技术条件不足、经济发展不充分和不均衡、以制造业为支柱产业以及带有鲜明的政府主导色彩等因素，又使得中国生态现代化具有自身特点及风险。因此，如果没有基于中国实践的理论自觉，只是简单照搬、套用生态现代化理论来分析甚至来规范中国的现代化进程，就可能会使我们陷入理论误区，甚至会误导实践。洪大用和罗桥（2011）指出，生态现代化理论在本质上是一种渐进变革取向的理论。目前，生态现代化理论的普适性正在经受理论与实践的双重挑战。对于广大发展中国家而言，简单地企求生态现代化是困难重重的，因为它们面临与西方发达国家很不一样的社会经济发展阶段，如果缺乏整体性变革和路径选择的话，社会系统自我调适以应对环境风险的能力会相当弱小。虽然如此，生态现代化理论对我国的生态文明建设仍具理论观照和实践意义。正如宋林飞（2007b，2011）在生态文明建设研究中所提出的，生态文明建设要求将生态环境作为现代化的一项重要内容，确立生态现代化发展理念。而且，我们应该清醒地看到，我国生态现代化起步以后取得了显著成绩，但与国际差距比较大。因此，不管发展水平高低，各地政府都必须加快推进由先污染后治理型向生态亲和型发展模式的转变。

生态现代化理论从诞生之初就受到了广泛关注，引起了各个领域的浓厚兴趣与研究热潮。但是，其理论体系比较分散，整合不足。而且，近年来，该理论也没有多少实质性的创新。中国的生态现代化研究，目前以理论性的译介评述以及该理论对中国可持续发展的启示为主，结合本土环境问题进行深入研究的文献比较少。与此同时，需要指出的是，运用生态现代化理论分析中国的发展实践，还需要对该理论的适应性和适用性进行检验。因此，不能直接套用生态现代化理论的一般逻辑，但是，生态现代化理论关于技术、市场机制以及国家（政府）在生态修复和环境治理中功能的论述对本研究具有直接的借鉴意义。

（三）产业转型研究

关于污染产业的生态化转型，布朗所主张的"用 B 模式取代 A 模式"是代表性观点之一。他认为现代文明正处于困境之中，我们所创造的是一种依靠过度消耗自然资本，产出人为膨胀的泡沫经济。因此，要用可持续性的 B 模式取代目前以破坏环境为代价的 A 模式。所谓的 B 模式是一种广泛的动员（mobilization），在全球经济破灭之前进行经济拯救（Brown，2003：199）。布朗指出，很多国家已在实施 B 模式。比如，丹麦电能的 20% 来源于风力，计划于 2030 年达到 50%。此外，中国的鱼类养殖方式的进步也是这方面的体现（Brown，2006：17）。虽然 B 模式的提出具有建设性，但就目前的研究进展而言，B 模式还是宏观的理论诉求，可操作性并不强。古巴从化学农药到都市有机农业的转型为我们提供了重要启示。

美苏对峙期间，由于美国的贸易禁运，古巴与苏联结成了贸易伙伴，并得到了很大优惠。20 世纪 80 年代，古巴出口苏联的蔗糖价格是世界平均价格的 5.4 倍。此外，古巴还能从苏联获得丰富的石油，其中部分被古巴转手出口给其他国家获取外汇。由于这种优势，古巴能比其他发展中国家更加快速地实现现代化。由于蔗糖方面的贸易优惠，本来种植农业的土地纷纷被用来种植蔗糖。但是种植方法是现代化的，是以大量使用化肥、农药为特征的。同时，大范围的单一种植是高度机械化的，并且大量使用化肥和杀虫剂。古巴的农业生产由此进入了以化肥、农药大量投入为特征的化学农业阶段。从生态的角度而言，由于过量地采用杀虫剂和化肥，会影响地下水，单一种植也会影响生物多样性。但是，苏联解体后，形势陡变，进出口通道中断，小麦和其他谷物进口下降50%，古巴农业生产中可获得的农药和化肥减少了 80%。随后，食物短缺问题再次出现。90 年代早期，古巴人平均每日摄取的卡路里和蛋白质还不到 80 年代的 30%。古巴陷入了严重的危机当中。在这种背景下，古巴人想到了先民的智慧，重新回到先民时代的生产方式，即：在农业生产中不再使用化肥，而使用牲畜粪肥等生物性肥料；不再使用农药，而利用作物轮作和微生物拮抗剂对付植物病原体，利用自然界中的生态平衡对付病虫害。这样，古巴在 90 年代中期就解决了粮食危机。同时，合成的化学肥料被生物肥料、蚯蚓、堆肥和其他有机肥料、天然岩石磷酸盐、牲畜粪和绿色肥料代替。农业生产中的拖拉机也被替代，燃料、轮胎等相关备件也不再存在，换成了清一色的动物"拖拉机"（Rosset, 2005）。上述举措不但解决了粮食危机，而且保护了当地的生态系统，促使古巴走上了有机农业的发展道路。古巴从化学农业到都市有机农业的转型历程，体现出了对先民的生态智慧及生产方式的回归，也展现了本土知识的积极功能和应用价值。

尽管中国社会学界关于产业转型的研究文献很少，但是，基于本土经验研究基础的理论建构仍然具有十分重要的学术价值。陈阿江（2008）通过理想类型这一学术工具，在水污染研究中，将人水关系划分为"人水不谐"和"人水和谐"两种理想类型。在"人水不谐"类型里，人与水环境的互动呈恶性循环：水污染导致居民患病，影响经济发展，诱发贫困，随着污染危害的加深，出现人口迁移，进而加剧社会分化与社会不平等一系列次生社会问题。这样的社区可以概括为"环境衰退和污染导致疾病、贫困及其他次生问题"的"人水不谐"类型，英文简称为DDP类型（即由英文degradation、disease、poverty的第一个字母构成）。"人水和谐"类型为人与水互动的良性循环：在良好的生态条件下发展生产，产生良好的经济效益，可持续的经济发展为保护环境提供动力，也为社会发展提供经济基础。这是一种生态与经济、社会协调发展的类型，英文简称为EES类型（ecological, economical, and social development）。其后续研究指出，认识生态转型的"拐点"及生态转型的过程及基本特征，对水污染的治理具有十分重要的意义（陈阿江，2009）。他将生态转型划分为被迫的转型、生态利益先觉和生态利益后觉三种类型。其中，他把发展遇到挫折后走上生态—经济互利共生的发展类型称为"生态利益后觉"，而把主动利用"生态"一词中隐含的技术效益和市场机遇，拓展生态—经济双赢活动，进而走上可持续发展道路的类型称为"生态利益先觉"。在这三种转型类型中，被迫的转型成本太高，而且往往缺乏可持续性。生态利益自觉无论对于产业还是社会都具有十分重要的意义。景军（2009）在环境抗争研究中对文化因素和文化力量进行了深刻分析，并提出了"生态文化自觉"概念。他认为，环境抗争的持续性与地方文化有着密切关系。从生态环境极度恶化转变到可持续发展的过程是一个认知革命和文化自觉均起到关键作用的过程。需要顺便提及的是，无论是"生态利益自觉"还是"生态文化自觉"，都源于费孝通（2004：176—197）所提出的"文化自觉"这一概念。

上述有限的基于本土经验而建构起来的学术概念具有十分重要的创新价值。特别是，陈阿江（2008，2009）关于"人水不谐"类型如何转为"人水和谐"类型的分析框架对本书的写作具有直接的指导意义。因为本研究自始至终关心的就是产业何以转型、生态何以可能、生态产业何以发展这些问题。

四 研究方法

实证主义和人文主义这两种方法论，无所谓孰优孰劣。人文主义方法论认为，研究社会现象和人们的社会行为时，要发挥研究者的主观性。用马克斯·韦伯的话说，就是要"投入理解"，或者是赖特·米尔斯所说的"人对人的理解"。理解派的方法似乎最适合于对复杂现象做探索性研究，特别是在那些现象不为人所知的时候（风笑天，2001：7）。目前，就搜索到的文献而言，社会学界鲜有产业转型方面的经验研究，相比较于实证主义，人文主义更适合做这方面的探索性研究。

关于定量研究和定性研究这两种研究方法，同样不存在孰优孰劣的问题。虽然人文主义方法论决定了本项研究以定性研究为主，但笔者也注意定量研究方法的合理应用。在做"探索"、"深描"和阐释性研究的同时，笔者合理地运用统计年鉴和有关统计报表中的数据，对有关问题进行量化研究，力图做到综合性的分析。同时，在研究过程中，笔者力图在"小社区"研究基础上透视"大社会"，关注产业转型和区域发展的一般规律与社会机制。

（一）理论与经验的嫁接

首先交代本书写作中理论与经验的嫁接问题。这个问题是困扰本书写作的重要现实问题，也属于研究方法的范畴。一方面，很多学人常常因担心学位论文没有理论框架的支撑而苦恼。另一方面，如何将西方理论与中国经验进行嫁接其实更为棘手。为了体现"理论"，很多论文喜欢动辄以某些流行的理论或范式为研究框架，很多源于西方的概念和理论已经被滥用。而仔细阅读那些简单套用西方理论的论文就会发现，"两张皮"现象十分明显，即作为理论基础的西方理论并不能有效地支撑其所研究的经验问题。

这种社会现象具有特定的社会背景和历史渊源。正如曹锦清（2010：13）指出的那样，社会科学的理论，近代以来全部来源于西方。没有西方社会科学理论，我们无法观察中国自身的事物，但西方社会科学理论又常常使我们误读中国的经验。在某种程度上，这种历史背景是造成学人产生"学术不自信"的重要原因。迄今为止，这种问题依然十分突出。郑杭生有关"学术话语权"的阐述深刻地回答了这一问题：在现代社会科学的世界格局中，欧美社会科学处在中心地位，垄断了学术话语权，中国则处在边陲地位和被支配地位。现在，越来越多的中国社会科学"专家"是学习西方社会科学出身的。他们往往养成一种根深蒂固的"边陲思维"，即对国外理论照抄照搬、亦步亦趋，拔高甚至神化之，还自以为站在社会学前沿，习惯用西方概念来裁剪中国社会现实，而不擅长用正确的立场、观点和方法分析快速转型中的中国社会（郑杭生，2009，2011）。忙于运用西方理论解释中国的经验，自然涉及中国社会学乃至社会科学的学术话语权，但首要议题还是西方理论的适用性问题：以西方经验为基础的理论，是否可以解释中国社会？但现实恰恰是，西方理论产生于特定的时空背景，看起来虽然很华丽，但是运用到中国本土实际中，常常遭遇"削足适履"的困境。曹锦清（2000）提出了"从外向内看"与"从内向外看"的研究视角。其中，所谓"外"，就是西方社会科学理论与范畴，就是通过"译语"来考察中国社会的现代化过

程。在中国社会学界,"从外向内看"相当普遍。曹锦清本人也经历了由"从外向内看"到"从内向外看"的认识转移:

> 1988年前,我曾一头钻入"译语"。在"译语"中,不仅有着令人兴奋的成套价值目标,也为我们提供各种认识工具。然而,源于西方社会的价值目标能否作为我们民族的"应该"而铸入到中国社会现实中去?……源于西方社会的认识工具一旦移译到中国,也往往失其所指而单纯成为"应该"。无所指而强为之指、或削足适履、或指鹿为马。这番经历使我认识到,必须走出"译语",从另一端去观察中国社会。

理论源于实践而高于实践,用源于西方实践的理论解释中国的实践,发生"水土不服"也就不难理解。

简言之,这一问题的核心是如何处理理论材料与经验材料的关系问题。在本书的写作中,笔者没有以一种既定的理论体系为框架解释本土社会。在研究设计阶段,笔者计划用生态现代化理论统领全书,但后来发现,生态现代化理论的可操作性不强,用之统领全书显得生搬硬套,遂放弃现成的理论框架。最终,笔者忠于田野调查中的发现而展开研究,并在此过程中试图与已有的理论进行对话。

(二) 田野研究路径

1. "自下而上"与"自上而下"

"自下而上"和"自上而下"是两种不同的研究视角,各有利弊。笔者在研究过程中,将这两种研究视角紧密结合,以求提高研究的科学性和客观性。

"自下而上"所获取的资料具有"点"的属性,"自上而下"所获取的资料则具有"面"的属性。①纯粹的草根调查所获取的资料是孤立的、零碎的,往往缺乏完整性和系统性,而通过"自上而下"的方式能够获得具有宏观性和完整性的资料,有助于对调查区域的系统认知。

②政府部门所提供的统计数据、工作总结和媒体的报道资料,虽然能提供相对完整的背景性知识,但未必全部真实可靠。通过"自下而上"的访谈和观察,有助于辨别"自上而下"所获资料的真伪。③二者的紧密结合,有助于对比不同利益相关者的访谈资料。不管是社会强势群体还是弱势群体,其所提供的资料都是经过其个人或所在单位/社区情感加工后的产物,具有一定的情境性。社会学的调查关注草根的意见,但也需要对这方面的材料加以辨别。而且,这两种视角的有机结合能够帮助笔者顺藤摸瓜,进一步挖掘研究主题。在研究过程中,很多新的研究主题都是在调查中不断丰富和完善起来的。

2. 农村快速评估与扎根田野研究

如何深入且有效地开展调查研究是一项重要的议题。因为事物总是发展变化的,所要调查的社会现象和社会事实并不是一成不变的。而且,调查者永远不可能穷尽调查对象,永远也不可能将调查对象一览无遗地展现在读者面前。为此,笔者在研究过程中综合了农村快速评估法和扎根田野研究两种方法的优点。

农村快速评估(Rapid Rural Appraisal,简称 RRA)对于快速把握调查区域的基本社会背景和经济发展情况具有十分重要的价值。在田野调查中,效率非常重要。如果只是"下田野",难以快速入题,那么,进入田野后很难"出来",也很难找到有价值的学术话题和主题。所以,带着问题下田野非常重要。这要求研究者在调查过程中具备强烈的"问题意识",对所见、所闻、所感要特别"敏感"——唯有如此,才能及时发现研究问题,并不断修正和完善研究主题。究竟调查多长时间合适,这恐怕是困扰很多学人的问题。一般而言,人类学学者在写博士学位论文时,至少需要在调查地生活一年时间。这种长期参与式观察是撰写民族志所必需的。但是,在一个社区生活一年甚至更长时间,不一定就有深刻的生活体验。在田野调查中,研究者既要能够"进得去",也要"出得来"。也就是说,研究者既要能深入研究对象的生活,也要能够快速理出头绪,找出线索和主题。就一个小型调查主题而言,时间过长反而事倍功半，时间过短则容易走马观花，流于形式。博士学位论文写作过程中，更不能囫囵吞枣，草率下结论。笔者在研究中，每次都带着问题下田野，但每次的问题都不一样。即每次调查时，都有一个相对系统的研究框架，每次调查都要完成一个小型主题研究。而在特定的小型主题研究中，笔者发现星期制是一个比较有效的时间单元。归根结底，调查质量如何，并不是由调查时间所决定的，而主要取决于调查者的问题意识。

扎根田野是深入开展学术研究所必需的研究方法，也是博士学位论文写作过程中所必需的治学精神。虽然农村快速评估法具有速度快、效率高的特点，但是所获取的信息往往只是一个断面，并不具有系统性和深入性。而深入的学术研究，需要深入持续地进行参与式观察、深度访谈和跟踪研究。笔者在研究过程中，一方面，以专题的形式围绕具体问题开展研究，这样能够事半功倍地完成研究主题的既定任务，另一方面，为了研究的深入，对研究区域和研究主题进行持续性的观察研究。①根据河蟹产业的季节性特征，笔者于春夏秋冬不同时令分别前去调查，以期获得对产业发展中的问题的系统认知。这样的调查也增添了很多生活感受。比如，2008年1月，笔者在调查期间，突遇70年罕见的冰雪灾害，当时，从村和乡镇开往县城与市区的车辆都已停运，私家车也不愿冒险出行，笔者差点未能从调查点赶回。②回访研究。笔者前后数次回访一些村落，一是观察、对比其在不同时间段的发展变化，二是对前期的研究假设进行检验，并围绕新问题搜集资料。比如，笔者曾先后7次对兴村进行回访研究。本书交付出版之前，笔者于2013年7月底再次到当涂县和相关蟹村开展调查，一是收集最新的研究资料，二是更新相关数据。同时，笔者也对关键的信息人开展了多次的回访。比如，笔者前后3次对生态养殖精英于先生进行了专题访谈。③通过对当涂县人民政府网、县农业信息网以及大公圩地区乡镇政府网站进行信息跟踪，及时把握生态产业的最新进展。政府部门网站的信息虽然不是研究的基本素材，但是比较系统地记录了当地产业发展的历程，所提供的背景性信息具有十分重要的参考价值。自2009年9月开始，笔者每周至少登录上述网站一次,以期系统地把握产业发展轨迹。

(三) 研究资料的收集

1. 文献法

文献法是收集资料,获得背景性、基础性信息与知识的重要渠道。一般而言,文献法的信息来源主要包括官方统计资料、大众传媒资料以及被研究对象记载的信息资料(如日记、信件)。在本研究中,笔者重点收集了以下几类文献。

(1) 地方志文献。地方志被誉为"一地之古今总览"、"一方之百科全书",是系统了解一个地方的社会、文化、历史和经济发展的重要文献。笔者在研究过程中系统收集了省、市、县以及大公圩地区的方志类资料,如《安徽省志:水产志》、《马鞍山市志》、《马鞍山市文化志》、《马鞍山风物志》、《当涂县志》、《当涂揽胜》、《当涂谈》、《当涂饮食文化》、《兴永乡志》、《吴语研究》等。另外,一些散文类资料,比如《水上湖阳》也是笔者了解区域经济社会文化的重要文献。

(2) 统计类文献。统计资料有助于深化对不同地区、不同时间段有关指标的数据比较和分析。这类文献主要包括近年来的《当涂统计年鉴》,大公圩地区的主要经济发展指标,县水产局、大公圩乡镇以及渔业公司和水产协会关于河蟹生态养殖方面的统计报表,如关于生态养殖效益以及水面承包费的统计数据,关于科技示范户责任主体的年龄、性别、文化水平等方面的统计报表,等等。

(3) 生产日志。生产日志是重要的第一手研究资料,其全称是《当涂县河蟹生态养殖生产日志》。自 2006 年实施农业部"渔业科技入户项目"以来,渔业科技示范户需要根据生态养殖的实际情况填写生产日志。生产日志记载了近年来养殖水体中的水产品投放(品种、数量和苗种规格)、饵料投入(品种以及投入量)、用药记录(病害情况、处方以及用药时的气象、水质情况)、水质监测指标记录(监测时间、水温、pH 值、溶解氧、亚硝酸盐、氨氮、硫化氢)以及捕捞记录(品种、捕捞量、平均规格、单价以及销售额)等。此外,在《渔业科技入户示范工程技术指导员论文和科技示范户典型材料汇编》中，也有技术指导员和生态养殖精英对不同养殖方式的试验数据及养殖水体环境指标的记录。

（4）其他文献。首先，生态养殖方面的专业技术性文献。所谓"闻道有先后，术业有专攻"，河蟹生态养殖涉及很多的专业术语和技术知识。虽然笔者不做这方面的研究，但如果缺乏基本知识，缺乏对专业术语的了解，无疑是难以开展深入研究的。2007年夏，笔者初次进行田野调查时，访谈对象经常说到"大眼幼体"、"扣蟹"、"土池"等术语，笔者不知所云，内心惶惶然。所以，回到住处后"立即充电"——在电脑中仔细阅读、理解实地调查前收集的河蟹养殖常识和基本概念（笔者每次调查前都会预先收集未知领域的专业资料，以备不时之需），之后调查时，这些便不再是大问题。其次，当地生态养殖产业的媒体报道资料。《人民日报》等媒体关于大公圩河蟹生态养殖方面的报道，是笔者了解河蟹产业历史和发展进程的重要信息来源。最后，政府工作报告和河蟹产业方面的工作总结。比如，当涂县和大公圩乡镇的政府工作报告、经济发展报告、"十一五"工作总结、"十二五"规划，以及渔业公司/水产协会的工作计划、总结与专题报告等。

2. 观察法

笔者所采用的观察法是开放式的，并不严格遵照事先设定的某些假设或观察路线。因为经常前去调查，笔者和有关乡镇农业服务中心的人员以及养殖精英结成了比较亲密的朋友关系，能够参与他们的工作和日常生活，在生活体验中获得翔实的材料。在观察过程中，也通过相机拍照或录制短片，记录第一手资料。

在田野调查中，每到一处，笔者都会特别关注以下情况：①当地社区的水面（湖泊、河沟以及集镇周边的水塘）。观察水面有三个目的。首先，了解当地的水域系统和水系情况。其次，认识、了解养殖水域的各种水生动植物。笔者不是水乡人，对江南水乡的水生动植物特别是养殖区域的人工"生态结构"并不熟悉，通过观察水生动植物，笔者增强了对生态养殖的感性认识。在这方面，水乡人都是笔者的良师，他们教笔者认识各种水草，如轮叶黑藻、扁担草等。最后，水域观察能够了解当地生态养殖的效果。因为水质是生态养殖效益的基础，也是养殖效益的一面镜子。养殖效益究竟如何，看看水质便能知道一二。②养殖户居住和生活条件等方面的情况。房屋、家具、家电等方面的信息可以反映家（户）的经济收入，是一项重要的可观察到的经济指标。这样，不需要询问具体的经济收入也可大致了解该家（户）的一般经济情况。③观察养殖户在河蟹生产中的饵料投喂、用药情况。④集镇和道路等基础设施以及餐饮等情况。这些能反映地方经济社会发展的一般面貌，有助于从侧面了解当地的经济发展情况。

3. 深度访谈法

深度访谈法并不依据事先设计的问卷和固定的程序，而是只有一个访谈的主题或范围，由访谈员与被访者围绕这个主题或范围进行比较自由的交谈（风笑天，2001：254）。深度访谈是获得丰富的第一手研究资料的重要渠道。当然，访谈时，应当以"悬置"社会科学知识体系的态度进入现场，并要随时保持反省。访谈过程应以日常生活及生活史为核心内容，发现并追究问题，最后讨论个案的普遍性意义（杨善华、孙飞宇，2005）。

笔者在田野调查中，往往有着明确的访谈主题，因此能做到访谈之前和访谈过程中有的放矢。但是，调查中并没有一成不变的访谈提纲。在访谈中，根据访谈进展情况以及遇到的新问题，笔者会随时调整访谈的主题。这样做有两个目的：一是预设的访谈主题或者假设可能并不符合实际情况，必须调整；二是访谈过程中可能会涉及更有价值的主题，考虑到将来难以对提供这一信息的被访者进行回访，所以必须抓住机会获取关键信息。

访谈中也需要适当引导和控制。因为访谈过程中随时可能有他者进入，并可能因此而转移主题。当然，他者的介入并不一定是坏事，也可能因此有机会将来访者聚集在一起，召开小型座谈会或者专题小组讨论。在农村社区，左邻右舍或者亲朋好友之间串门是很正常的，频率也是很高的。所以，在农村调查过程中，对外来者的进入，笔者一般是进行适当的引导，然后以在一起唠家常的形式与他们交流，尽可能获取丰富的信息。如果是在养殖水面调查，笔者也会将池塘、河沟边的养殖户聚集在一起"聊天"，获取信息。另外，在访谈过程中也需要对关键信息加以适当的反问、重复以及向他人进行佐证，以确保所获取的信息是客观的，而不带有被访者强烈的个人感情色彩。

（四）研究资料的分析

1. 资料分析中的客观性

资料分析过程中应尽量保持客观与中立的立场，这涉及研究者的科学精神。但是，如何保证所获取的资料是绝对客观的，如何保证绝对实事求是地进行分析，却不是一件容易的事情。在很大程度上，研究者所能做到的是尽量接近真实。

韦伯提出了"价值相关"与"价值中立"这两个命题。在他看来，问题的选择总是"与价值有关的"，即取决于研究者的价值准则和兴趣。"价值中立"包括两层意思：一是一旦研究者选定了研究课题，就必须停止使用自己或他人的价值观念，而遵从他所发现的资料的指引；二是不能从"实然的陈述"中抽出"应然的陈述"（刘易斯·科塞，2007：194—196）。这就要求研究者在根据兴趣等因素确定研究主题后，根据研究发现展开"实事求是"的分析，不要做"学术预言派"。虽然纯粹的、绝对的"价值中立"是一种真空状态，但在调查中，研究者要力求"实事求是"，克服自己的感情色彩，不能根据自己的价值取向和兴趣偏好，对所收集的材料进行主观臆断，妄下结论。同时，研究者对所收集到的资料要有质疑和求证的精神。特别是，对在政府部门收集到的资料以及网络资料，研究者需要有质疑和不断求证的精神。这是因为，不同部门的统计标准可能不一，甚至存在因宣传需要而对某些数据进行"修饰"，进而导致不同部门的统计数据出入很大。

在本书写作中，笔者在遵循上述一般原理的同时，使用了当地老百姓的很多语言，包括一些方言、顺口溜和民间谚语。一方面，是因为这些民间语言本身具有很丰富的内涵，如果转换成书面语可能失去本来的意味。另一方面，这些语言生动形象，直接运用这些民间语言也在某种程度上保持了访谈资料的原貌。

2. "小社区"与"大社会"

虽然本研究聚焦于大公圩地区河蟹产业转型这样的具体问题，但真正的研究意图是要超越具体的研究区域，从对"小社区"的深入研究中透视"大社会"，探究经济发展与环境保护的一般机制。所以，案例研究的背后是"国家的视角"，力图探究具体产业转型背后的类型学意义和方法论价值。

虽然事件或发展过程有异，但其运作的逻辑机制大同小异，从中能够找出某些具有规律性和趋势性的东西。在资料分析中，笔者一方面自始至终关注着生态产业发展中的国家—社会关系、国际国内市场环境等宏观社会背景；另一方面，对不同区域的经济社会发展进行了对比，并结合在太湖和淮河流域的田野调查，对生态产业/社区和污染产业/社区进行了比较，看看这些不同的背后有什么共同的内在机制或一般性特征。最后，力图在此基础上探索生态产业的一般运行规律，并研究当地的发展经验可为其他区域特别是中西部地区的发展提供什么样的借鉴意义。

第二章 研究区域与研究对象

一 研究区域

本书的研究区域是江南的圩区——大公圩。在走入大公圩之前，笔者先对县域历史、社会经济以及河蟹产业发展情况进行梳理，因为这是大公圩地区河蟹产业发展的重要外部条件。同时，鉴于圩区的特殊性，还将对圩田与圩田开发情况进行介绍。

（一）县域区位与社会经济

1. 历史与区位

当涂县隶属安徽省，位于长江中下游南岸，因长江在境内是东北流向，在历史上隶属"江东"或"江左"地区。当涂古为长江要津，金陵咽喉，有"吴头楚尾"、"南北津渡"之称，是宋太平州、元太平路、明太平府治所，清长江水师提督署和安徽学政驻地。当涂还是全国最早的建制县之一，有"江东千年名县"之称。秦始皇二十六年（公元前221年），置丹阳县。隋开皇九年（公元589年）徙侨置当涂县于姑孰（当涂县志编纂委员会，1996：1）。境内居民以汉族为主，居住着蒙古族、回族、藏族、维吾尔族、朝鲜族等34个少数民族（当涂县地方志编纂委员会，2012：1）。

目前，当涂县隶属"钢城"马鞍山市。而在历史上，马鞍山所在的区域隶属当涂县。新中国成立后，国家开始建设钢铁工业基地，并在相应的钢铁工业基地对行政区划进行改革。1954年，始设马鞍山镇，并隶属当涂县。1956年10月，国务院批准设立马鞍山市。1983年7月，当涂县整建置划属马鞍山市（当涂县地方志编纂委员会，2012：2）。当涂区位优势明显，紧靠长江三角洲，毗邻南京，东北和东南分别与南京江宁区和高淳县接壤，东边则与南京溧水县毗连，距离上海320公里（见图2-1），建设中的"水上高速公路"芜申运河，西起当涂姑溪河入江口，穿越县境和太湖后，沿太浦河进入上海。

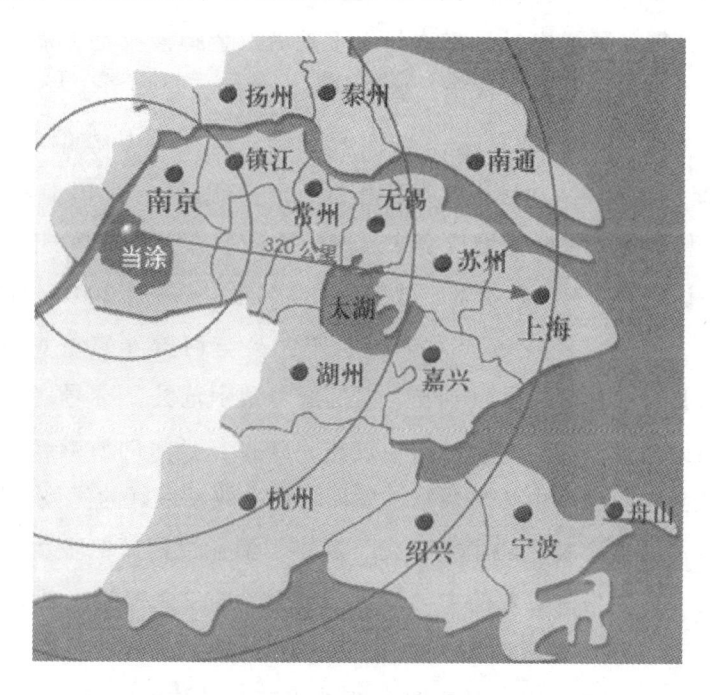

图2-1 当涂县在长江三角洲的地理区位

资料来源：当涂县招商局网站（www.dtinvest.com.cn）。

改革开放以来特别是近年来，当涂县充分利用其位居长三角经济圈与皖江城市带交汇处的地理优势，不断地进行产业结构调整和转型升级，实现了经济社会的快速发展。2012年，全县生产总值为214.5亿元，财政收入为38.4亿元，农民人均纯收入为1.24万元，连续10年保持全省县级第一（2013年7月，县水产局调查资料）。

2. 县域河蟹产业

当涂"一山四水五分田",境内水网密布并且相互贯通,河汊纵横交错,池塘星罗棋布。由于是水乡泽国,境内盛产水产品,其中河蟹享有盛名。当涂"石臼湖"牌螃蟹与江苏阳澄湖大闸蟹、河北白洋淀大闸蟹并称为"中华三只蟹"(韦伟,2007:389),并且素有"到了当涂不观采石辜负目,不食石臼湖螃蟹辜负腹"的俗语。旧志记载:"当涂境内水产螃蟹,有湖蟹、江蟹、河蟹之异,花津釜山近湖者,金脚素菜毛尤肥美,史称'花津蟹'。清乾隆皇帝下江南,偶食其味,御封为'蟹之王'。世传旧时县官曾作贡品进献,每只达一斤四两有奇。"(当涂县志编纂委员会,1996:123)晚唐诗人唐彦谦曾有诗盛赞石臼湖螃蟹:"湖田十月洁霜堕,晚稻初香蟹如虎。板罾拖网取赛多,篾篓挑将水边货。"1976年,美国总统尼克松访华时,石臼湖螃蟹还被列为国宴名菜(晋松,2001:214)。

如今,当涂已经发展成为全国水产大县与河蟹养殖重点县。2007年,当涂县被农业部授予(河蟹)"健康养殖示范县"称号(当涂县地方志编纂委员会,2012:363)。经过多年建设,当涂的河蟹产业已经发展成为全县农业经济中活力最强、发展最快、效益最好的优势支柱产业。渔业经济占据当涂农业的半壁江山,其中,渔业以河蟹产业为主导,因此后者已经成为当涂农业的主导产业,河蟹产量在全省各县中位居第一。2012年,全县水产养殖面积为1.73万公顷,其中河蟹养殖面积为1.67万公顷,占96.5%;水产品产量约为5.4万吨,其中河蟹产量达到1.2万吨,约占水产品总产量的22.2%;渔业经济总产值为24亿元,其中河蟹为12.5亿元,约占渔业总产值的52.1%。2012年,全县农民人均渔业收入超过3000元(根据县水产局2013年8月提供的数据进行计算)。可见,渔业已经是全县农业经济的支柱,而河蟹产业则是渔业经济的支柱。目前,当涂河蟹已销售到韩国、日本以及中国香港等东亚国家和地区。其生态养殖经验被誉为水产"当涂模式",农业部已在全国内陆区域推广这种模式。2010年,"河蟹生态养殖'当涂模式'推广"获全国农牧渔业丰收奖二等奖(当涂县地方志编纂委员会,2012:363)。此外，水产"当涂模式"还促成了水产技术作为援外项目走进西非的科特迪瓦共和国。2009年，当涂县被中国渔业协会授予"中国生态养蟹第一县"称号。2010年，"石臼湖"牌螃蟹被国家质检总局审定为"国家地理标志产品"，列入保护目录。

当涂是江南平原水网圩区，平原圩区面积占总面积的62%（马鞍山市地方志编纂委员会，1992：978）。全县河蟹养殖有三种类型，分别分布于三个区域，即大公圩的河沟生态养殖、南北圩与湖阳圩的稻田生态养殖以及石臼湖围网养殖。可见，圩区是河蟹产业的主要分布区域。其中，大公圩是全县河蟹产业的发源地，也是水产"当涂模式"的发源地，已形成包括人工繁殖、规模化生态养殖、技术研发、市场流通、水产品加工、外贸出口和休闲观光在内的相对完整的产业链。

（二）皖南首圩及其河蟹产业

1. 圩田与圩田系统

圩田是沿江、滨海（湖）地区在围湖造田基础上形成的土地利用形式。南宋诗人杨万里在《圩丁词十解序》中认为："堤河两岸，而田其中，谓之圩。"（转引自赵崔莉，2006：1—2）商务印书馆1990年出版的《现代汉语词典》（修订本）对"圩田"的解释是：有土堤包围、能防止外边的水侵入的稻田。其中，圩是滨湖地区为了防止湖水侵入而筑的堤，而圩内的小圩则被叫作垸。

圩田起源于先秦时期，主要分布在长江三角洲的太湖流域、江淮之间以及安徽南部、两湖平原地区。后来发展成为著名的太湖地区浦塘圩田、江南圩田、洞庭湖与鄱阳湖区圩垸、珠江三角洲基圩等（赵崔莉，2006：2）。在不同的区域，"圩田"有不同的称谓，如"围田"、"湖田"等。陈阿江（2000：61—62）在区域发展研究中提出了圩田系统这一概念。他把田、地和水域所组成的一个区域视为一个系统，称之为圩田系统。他认为，圩田系统是交通的基础，从水道、人行道到现代的自行车道无不是在圩田系统上发展起来的，甚至公路交通也受其影响。在圩田生态系统中，作为主动者的人生活于其中，根据水网低洼地区的实际情况，开挖河渠，修筑圩堤、河闸，发展农副业生产；同时，人又是这一系统中的一个环节，参与能量和物质循环，而不是作为其他生物的对立面而出现。然而，乡镇工业化进程，已使圩田系统内的生态平衡受到威胁（陈阿江，2000：47）。

作为一个相对完整的区域，圩田事实上是一个相对独立、自成体系的系统，也是一个水利共同体和地域社会生活共同体。比如，大公圩在历史上就近乎一个自给自足的封闭系统，政治、经济以及社会生活体系一应俱全，并自成一体。以政治生活为例，在人民公社时期，曾设有大公圩人民公社作为圩区统一的公社组织。此外，县水利局至今还在圩内设有大公圩分局。

2. 皖南首圩及其圩田开发

大公圩由众多小圩联合而成①，是皖南第一大圩。它古称官圩、大官圩，又称十字圩，抗战胜利后始称大公圩。该圩始筑于三国吴赤乌年间，续筑于吴永安三年（260年）。晋唐两朝，屯垦得到发展。宋绍兴二十三年（1153年）大水，诸圩尽没，后进行联圩，始称官圩，成为皖南首圩（当涂县志编纂委员会，1996：130）。

大公圩是长江支流水阳江和青弋江下游的冲积平原，面积为363平方公里。其中，耕地为2万公顷，水面积为1.6万公顷。如图2-2所示，圩区西濒长江，东临三大通江湖泊之一的石臼湖，并被水阳江（黄池河）、青山河、姑溪河等河流环绕，成为相对封闭的体系。"水上高速"芜申运河沿青山河而过。

大公圩是在围湖造田基础上形成的。秦汉以前，大公圩所处区域为湖荡，是古丹阳湖的一部分。春秋时期，吴国重要的内河船道胥溪（中江古道）流经圩内的黄池镇附近。当时这里隶属吴国鸠兹邑，先民环水而居，靠水而生，依水而存（王发信、尚新红、柏菊，2007：113）。曹魏与东吴对峙期间，因军事斗争和粮秣补给需要，双方都开始屯兵。孙

---

① 南宋绍兴二十三年（1153年），联合54个小圩组成1个大圩，时称官圩；1931年大水后，18个小圩并入，改称大公圩；1949年新中国成立后，又有12个小圩并入大公圩，遂成今貌。参见王发信、尚新红、柏菊（2007：113）。

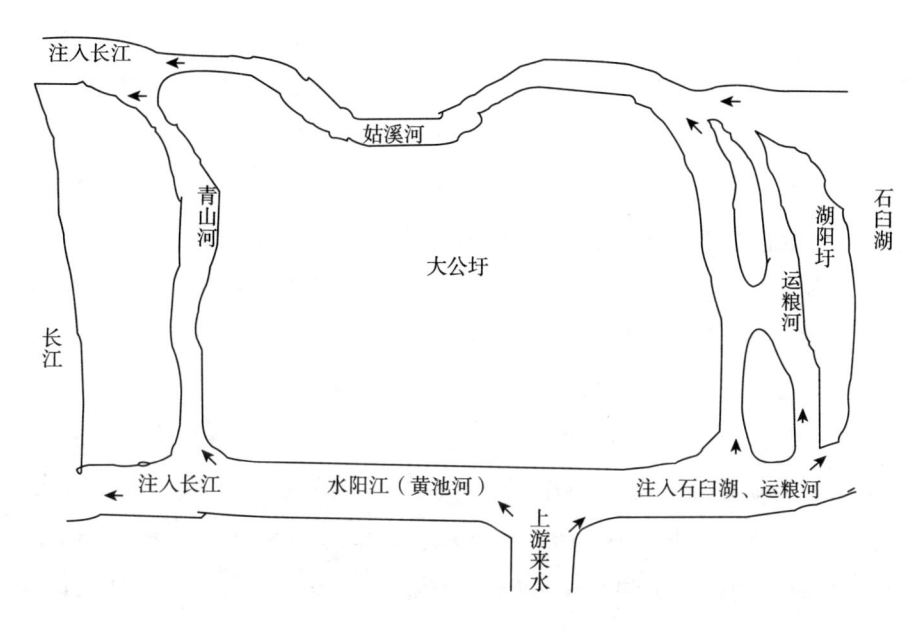

图 2-2 大公圩区域水系与流向

权为对古丹阳湖区进行屯兵，在于湖县（今当涂县）设立督农都尉治。永安三年（260年），丹阳都尉严密建丹阳湖田，作浦里塘①，是为大公圩围垦之始（当涂县志编纂委员会，1996：9）。可见，大公圩最初是为屯兵而围垦发展起来的。后来，出于战乱等原因，北方移民大量涌入（因地处长江之要津，是金陵门户畿辅重地，当涂在历史上是人口迁徙的重要津渡和留居地），"人地矛盾"变得十分突出，圩田因而成为持续性的历史活动②。其中，最大的移民浪潮发生于北宋靖康元年（1126年）到南宋灭亡（1279年）期间。当时的官员为了安置流民，曾大规模围垦开荒，大公圩就是在这一历史时期形成的（邓岩欣，2008）。

圩田开发将大公圩打造成了典型的"江南鱼米之乡"，成为粮食供给和水产品供应的重要基地。在历史上，大公圩被誉为"皖南第一粮仓"。有关资料也显示了其物产资源之丰富（王发信、尚新红、柏菊，2007：

---

① 浦即岸边，塘作堤解，泛指在丹阳湖一带筑圩。参见当涂县兴永乡志编纂小组（1989）。
② 有关北方移民浪潮与当涂圩田开发的具体情况，可参见邓岩欣（2008：217—227）。

114)。由于开发早、土质好、雨水足、光照强,因而当地粮食产量高,复种指数高。三国时,这里的圩田就有"三务田"之称誉,即一年之中,春、夏、秋三季均能从事农业生产活动。南朝时,这一带圩区已相当富饶。唐宋以后,这里出产的稻米、鱼虾、菱藕已在江南享有盛名。当然,圩田过度开发也导致生态破坏问题。比如,大量围湖造田导致湖泊面积减少(古丹阳湖如今只剩下一条狭窄的运粮河道,名存实亡),对上游来水的蓄洪能力减弱,进而加剧了水灾隐患。此外,圩田的开发还破坏了天然水系的流畅性。

3. 圩区人口与河蟹产业

大公圩地区包括一乡五镇,即塘南镇、石桥镇、护河镇、乌溪镇、黄池镇和大陇乡。根据《当涂统计年鉴》(当涂统计年鉴编辑委员会,2012)计算,大公圩地区2011年年末总人口约21.7万。其中,非农人口1.32万,约占总人口的6.08%;农业人口20.38万,约占总人口的93.92%。由此可见,大公圩仍然是以农业人口为主的区域。圩内各乡镇农业人口和非农人口数量如表2-1、图2-3所示。

表2-1 大公圩农业人口与非农业人口构成情况

单位:人

	塘南镇	石桥镇	大陇乡	乌溪镇	黄池镇	护河镇
非农业人口	1072	2821	1333	1957	3807	2167
农业人口	30952	44300	31180	22743	44970	29677
总人口	32024	47121	32513	24700	48777	31844

数据来源:《当涂统计年鉴》(当涂统计年鉴编辑委员会,2012:10),其中,农业人口为"年末总人口"减去"非农业人口"所得。

目前,大公圩已经发展成为河蟹生态产业特色明显的区域,而且在全县占有举足轻重的地位,无论是养殖面积,还是产量与产值,均超过全县的50%。河蟹出口量和出口创汇额均占全县的100%。由于生态养殖效益可观,大公圩内主要乡镇近年来纷纷获得了各种头衔和称谓。比如,大陇乡和乌溪镇分别于2010年6月和2011年6月被中国渔业协会河蟹分会授予"中国河蟹之乡"称号和"中国优质河蟹苗种第一镇"称号,塘南镇则是水产"当涂模式"的发源地,并于2012年6月被中国渔业协会河蟹分会授予"中国河蟹产业第一镇"称号。

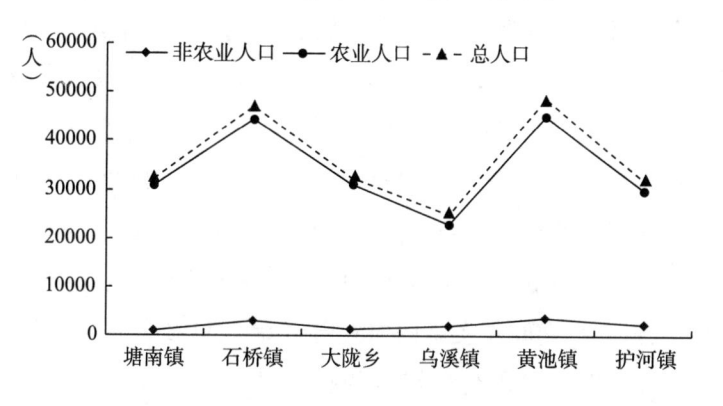

图 2-3 大公圩农业人口与非农业人口构成情况

当前,河蟹生态养殖产业已经发展成为大公圩地区具有鲜明特色的水产经济和优势产业,并成为当地社会经济生产和居民生活的核心。在很大程度上,该地域社会已经是由河蟹产业及其相关产业与人群而组建起来的。

二 斜"N"形的产业变迁

自20世纪70年代实施河蟹人工养殖以来,大公圩地区的河蟹产业经过几个关键历史时期,最终完成了从小到大、从弱到强的转型。从纵向的发展历史来看,河蟹产业的发展轨迹大致呈斜"N"形(见图2-4)。

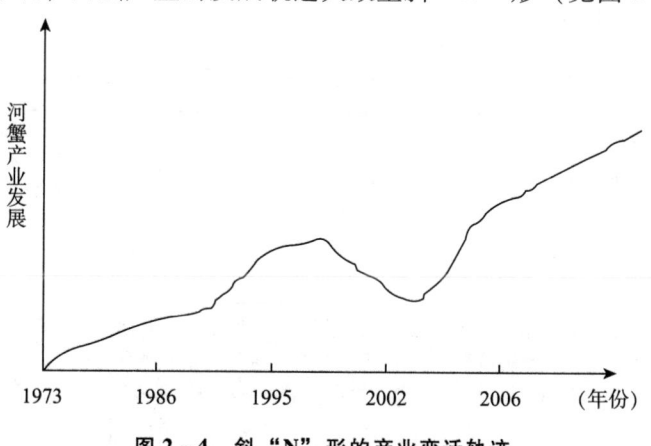

图 2-4 斜"N"形的产业变迁轨迹

如图2-4所示,斜"N"形的产业发展轨迹包括四个关键阶段。①从人工养蟹到"大养蟹"。1973年是人工养蟹的起始年,1986年水产品市场的放开是"大养蟹"开始的标志。②河蟹产业遭遇"寒流"。"大养蟹"只重视经济,不重视水域环境保护,最终导致河蟹产业在20世纪90年代中后期陷入低迷期。③"柳暗花明"阶段。自2002年开始,通过"种草、投螺、稀养、配养、调水"的生态养殖实践,河蟹产业涅槃重生,进入经济与环境相对互利共生的"养大蟹"时期。④"更上一层楼"时期。当地以2006年实施的农业部"渔业科技入户项目"为契机,开启了"养好蟹"即"养优质蟹"的新航程。

(一) 从人工养蟹到"大养蟹"

1. 人工养蟹的开始

大公圩地区的河蟹人工养殖始于1973年。是年,省水产部门在上海购买蟹苗,投放于大公圩等圩区的沟渠(当涂县志编纂委员会,1996:127)。这既是大公圩地区河蟹养殖的历史开端,也是全县河蟹产业的历史起点。

人工养蟹首先要解决的重要问题是苗种来源问题。在1980年之前,大公圩地区的苗种主要购自上海崇明;1980—1984年,主要购自江苏常熟。1984年,当涂渔民在长江中试捕蟹苗成功,水产部门开始统一收购并组织供应(见表2-2)。不过,直至1986年,河蟹养殖都是集体单位制,尚未进入家庭生产制阶段。

表2-2 大公圩人工养蟹的发展历程(1973—1986年)

时间	事件	备注
1973年	省水产部门在上海市崇明县购蟹苗12.5公斤(约200万只),投放于大公圩、一五圩部分沟渠	人工养蟹开始年
1974年	购得蟹苗244公斤(约3904万只),投放于丹阳湖、石臼湖	
1975年	全县大部分水域都有蟹群,当年河蟹产量一跃达到2万公斤,较放养蟹苗前产量增加4倍。此后,每年均赴上海崇明购买蟹苗,进行人工放养。1973—1980年共购蟹苗728公斤	

续表

时间	事件	备注
1980—1984 年	崇明县蟹苗资源减少，改从江苏省常熟市华溪镇一带购买	
1984 年	在县水产局指导下，沿江渔民在长江中试捕蟹苗成功，由水产部门统一收购并组织供应	
1986 年	为减轻县财政负担、调动农民养蟹积极性，县水产部门不再向大水面投放蟹苗。养蟹改为谁养谁购苗、谁养谁得益的办法。这促成了人工养蟹由大水面放养到小水面精养的过渡，河蟹产量由此大幅度增加	拉开了"大养蟹"的序幕

资料来源：《当涂县志》（当涂县志编纂委员会编纂，1996：127）。

2. "大养蟹"阶段

1986 年，养蟹中"谁养谁购苗、谁养谁得益"的政策改革，促成了人工养蟹由大水面放养到小水面精养的过渡（见表 2-2），河蟹养殖规模由此大幅度增加。因此，1986 年具有标志性的意义，是集体单位经营河蟹与普通农户经营河蟹的分水岭。因为经济效益的原因，水产品市场放开后，"大养蟹"的序幕迅速拉开。县志记载：1986 年，全县水产品产量超过历史最高水平，翌年成为安徽省第一个万吨县，受到省水产局通报表彰（当涂县地方志编纂委员会，2012：337）。

当时，由于供给有限，消费者"吃蟹难"问题没有得到解决。所以，河蟹的市场价格偏高，市场行情非常可观。每亩养殖水面的纯利润达 2000 元甚至更高，每千克河蟹可卖 200 元，而乡镇干部的月工资只有 100 元左右（2007 年 8 月 26 日，塘南镇农业服务中心访谈资料）。所以，当时有"一只螃蟹一担稻，一斤螃蟹一克金"的说法。在暴利的驱动下，人人争先恐后地养殖河蟹，很多村民还开挖稻田养蟹，大公圩地区呈现一片热火朝天的养蟹氛围。

（二）遭遇"寒流"

1. "寒流"的出现

"大养蟹"是以高密度放养苗种和"零资源投入"为特征的粗放型养殖模式。这种养殖模式导致水域资源遭受严重消耗、水域环境遭受严重破坏。到 20 世纪 90 年代中后期，河蟹养殖产业遭遇"寒流"，进入低谷时期[①]。

在低谷时期,"寒流"的表现形态是:①养殖水域污染严重,水质由Ⅱ类、Ⅲ类恶化为Ⅳ类、Ⅴ类。水域污染原因固然是综合性的,比如,乡镇企业发展中的工业污染、居民生活污染以及农业面源污染等。但在当时,大公圩地区乡镇企业数量有限,农业污染和生活污染在20世纪90年代中后期也不是很严重。因此,养殖水域水质恶化主要是河蟹养殖造成的。②水生物资源遭到破坏。"大养蟹"导致水体中丰富的水草、螺蛳等水生物资源消耗殆尽。③养殖户亏损严重。由于水域污染,加之价格下降等因素,河蟹养殖呈现"大养大亏、小养小亏"的怪圈,以至于很多养殖户负债累累,不得不纷纷放弃河蟹养殖产业。④河蟹产业发展面临危机。遭遇"寒流"后,人们对河蟹产业的前景感到茫然,整个水产经济的可持续发展也开始遭遇危机。⑤河蟹产业萎靡导致集体经济收入严重下滑。这一时期,每亩水面的承包费下降到100元也鲜有问津者。由于很多水面无人承包,村里的发包收入严重下降,村集体经济收入大打折扣。

2. "寒流"致因说及其根源分析

为什么会遭遇"寒流"?在导致"寒流"的诸多因素中,哪个是根源?很多养殖户将之归咎于劣质蟹种。笔者调查发现,蟹种出问题只是最重要的直接因素,并不是根本原因。为追根溯源,在此先逐一解析导致"寒流"产生的五种主要因素。

(1) 苗种问题。大规模的河蟹养殖,特别是无节制的掠夺式捕捞方式,使得天然的长江蟹种资源严重匮乏。在价值规律驱动下,南北不同水系的蟹种资源纷纷向长江水系进军,先是辽水蟹种大举南下,后来瓯江蟹种乘势北上。当地养殖户将此形象地称作"苗种大战"。但河蟹养殖具有"一方水土养一方蟹"的特点,不同水系的蟹种不宜异地养殖。南北不

---

① 就养殖模式而言,低谷时期和"大养蟹"时期以及养殖初期是一致的,都是粗放型养殖方式。为历时性地比较和分析河蟹养殖在不同阶段的指标,笔者将"大养蟹"的后期划为低谷时期。

同水系的蟹种投入大公圩水域后，成活率低、回补率低，养成成蟹后规格也小。水产专家的研究表明，河蟹的地域性十分突出，一旦移植到与原来生态条件差异较大的环境下，生长就会受到严重影响，而且极易与当地河蟹杂交，造成种质混杂。我国十年左右的"大养蟹"，将不同水系或不同种群的蟹苗、蟹种移到异地养殖，导致各水系绒螯蟹种质资源的混杂，其无形资产的损失不可估量（中华人民共和国农业部，2009：11）。

（2）高密度放养问题。在一块公地上，增加羊的养殖数量会使草场超载并导致环境退化。但是，作为理性人，牧民为了自己多收益，还是会不断增加自己放养的羊数，从而导致草场退化。这就是哈丁（Hardin, 1968, 1998）所谓的"公地的悲剧"。就水资源而言，它是基础性自然资源，既有自然资源共有的特征，又有着区别于其他自然资源的特性，表现为"复杂"的自然属性和"公共"的社会属性（孙金华、陆桂华，2007）。在暴利面前，养殖户不会考虑单位水面内河蟹养殖数量增加后所带来的环境后果，也不会考虑对其他养殖户的影响。由于"只蟹克金"的利益驱动，"高投入，高产出"的经营思想根深蒂固，很多养殖户不切实际地增加苗种投放数量。本来每亩水面应该投放 500 只左右蟹苗，多数养殖户投放 1000 只左右，甚至还有人投放 2000 只。高密度放养，不仅加剧了水域污染，而且加剧了河蟹的死亡。对私人经济利益的重视和对公共环境利益的漠视是"大养蟹"得以盛行的内在因素，也是"寒流"得以产生的重要文化因子。

（3）长期粗放型养殖问题。"大养蟹"时期的河蟹养殖是"靠天收"的养殖方式，没有生态养殖意识。所谓"靠天收"的养殖方式，就是不向养殖水域投放水草、螺蛳等人造的、次生的自然资源。在一定的时间和空间范围内，原生的自然资源是有限的，也是完全可以被消耗殆尽的。从 20 世纪 80 年代中后期到 90 年代中期这 10 年左右的时间，水体中丰富的原生自然资源被消耗殆尽。水草和螺蛳被破坏后，不但河蟹的天然饵料匮乏，调节水质的自然资源也消失了。

（4）水域污染问题。上述高密度放养和粗放型养殖，直接导致水域环境遭到严重污染。当时本来能够直接饮用的水，转眼间变成了污水，最好的水质也只能达到Ⅳ类，大部分区域都是Ⅴ类水。水域污染后，不仅直接导致河蟹大量死亡，也造成河蟹品质和规格大大下降，从而影响了市场价格和经济效益。

（5）水面承包费问题。养殖户看到养蟹的暴利后，陷入不可自拔的境地，为获得承包权，他们不切实际地抬高承包费。高昂的承包费加大了养殖成本，并影响了净收益。在这一时期，投资成本与亏损程度成正比关系。"大养蟹"时期的利益冲动，带来了加速度式的投资。由于"惯性"，绝大多数养殖户没有来得及"急刹车"。在"大养蟹"时期赚得最多的养殖户，在低谷时期的亏本也是最多的。所以，"只蟹克金"也就变得子虚乌有了。

在上述五种原因中，究竟哪一个是"寒流"产生的根源？当地存在不同的观点。生态养殖精英认为，"大养蟹"导致水体资源破坏和水域污染是河蟹养殖产业陷入困境的首要原因。但更多的人认为，导致"寒流"的根本原因是蟹种出了问题。笔者发现，在他们的思想深处，劣质蟹种才是导致河蟹养殖产业陷入低谷的罪魁祸首。2007年8月下旬，笔者在田野调查期间所住旅社的老板向笔者侃侃而谈，提供了有关河蟹产业变迁的丰富信息，但当听说笔者要做低谷时期的成因研究时，他也认为劣质蟹种才是首要原因，其他的因素不足为道，否则，就会头重脚轻，甚至会混淆是非、颠倒黑白。笔者对此自然不敢懈怠，更不能草率下结论。因为，按照"地方性知识"，他们在这方面是专家。因此，必须要进行进一步的科学求证。那么，蟹种为什么会出现问题呢？蟹种是自然短缺的吗？当然不是。蟹种短缺的根源不是天灾，而是人祸，是当地人竭泽而渔式捕捞的必然后果，根源在于人。如果蟹种不出现问题，仍然按照"大养蟹"时期的养殖方式进行养殖，是否就不会出现"寒流"？答案自然也是否定的。即使有再好的蟹种，在水草等原生自然资源遭到破坏，特别是在水域环境遭到严重污染的情况下，河蟹如何生存？初看起来，引起亏损的罪魁祸首是蟹种问题。其实，"大养蟹"带来的暴利以及紧随其后的低谷时期，有着深层次的社会文化特别是人为的因素。因此，蟹种问题只是低谷时期的最重要的直接成因，而不是根本原因，根本原因还是人的问题。此外，高密度放养、粗放经营、水域污染以及高昂的承包费，也都是人为操作的结果，是人们片面追求经济利益和环境意识低下所致（见图2-5）。

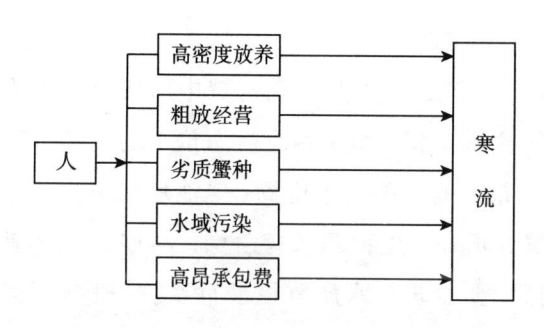

图2-5 "寒流"致因说及其根源分析

（三）柳暗花明："养大蟹"

1. 敢问路在何方？

正如安东尼·吉登斯（2003：599）认为的那样，环境影响的起因是带有社会性的，因此它的许多后果也是带有社会性的。20世纪90年代中后期，河蟹养殖中十户九亏。河蟹产业的衰败不仅直接影响了经济收入，也影响了地域社会结构的稳定。不少养殖户因亏损而资不抵债，纷纷"外逃"——外出打工挣钱偿还债务。在产业面临严重危机的背景下，地方政府和养殖户都在思考如下问题：是否还能够养殖河蟹？是否还应该养殖河蟹？如果继续养殖，"敢问路在何方"？

在寻找出路的过程中，政府和民间精英分别从不同的角度进行了探索。①通过对比河蟹养殖20多年历史中的水域生态系统差异，民间精英进行了技术试验、尝试了新型养殖方法，并探索出了朴素的生态养殖模式。②政府部门通过加强与高校和科研院所水产专家的合作，对水产养殖中的问题和出路进行系统的调查和研究。其中，塘南镇率先邀请中科院水生生物研究所等单位的水产专家前来把脉诊断，探索河蟹养殖的新出路。县政府自2002年开始，与上海海洋大学（时为上海水产大学）开展系统的"产学研"合作，并在调研基础上形成《当涂县"河蟹振兴工程"可行性研究报告》。通过这些研究，当地最终明确了"路在何方"的答案——从"大养蟹"向"养大蟹"转型，实施以生物修复技术为核心的生态养殖，从而开启了河蟹产业柳暗花明的新阶段。

2. 以水养蟹，以蟹保水

生态养殖是根据生态学原理，在水域中形成以河蟹为核心的复合生态系统，并充分发挥各水生物在相应生态位中的功能。当地生态养殖的顺口溜浓缩了"养大蟹"的基本内涵："池塘消毒少不了，苗种本地要放早；种草放螺真正好，生物调水病菌少；早晚巡视要勤劳，科学饲养效益高；品种搭配要合理，水质监控最重要。"概括而言，其核心内容就是："种草、投螺、稀放、配养、调水"。

生态养殖就是要转变传统的养殖方式，发展环境友好型的水产经济。"种草、投螺、稀放、配养、调水"的目的，是培育生态养殖的水下人工生态系统。其功能分别如下：①种草是为河蟹提供丰富的饵料，并发挥净化水质的特殊生物链功能。首先，水草中含有丰富的钙、磷、蛋白质、脂肪、维生素以及微量元素，是重要的天然植物饵料和营养元素。大公圩地区使用的水草主要是苦草、伊乐藻、金鱼藻三类，这三种水草需要在不同的季节栽种。其中，伊乐藻是春季草，苦草（也称水花生）和金鱼藻是秋季草（2009年8月26日，塘南镇访谈资料）。其次，调节水质，为河蟹生长提供优质的水体环境。水草可以吸收水中的"富营养"物质，比如氨、氮和无机营养盐类。通过将肥水"吃"掉，养殖水域中的污染物得到稀释，水体的透明度得到增加，河蟹的栖息环境从而得到了改善。再次，水草还是水中"空调"。酷暑难当时，水草是河蟹遮阳乘凉的好去处；而寒冷来临时，水草又发挥了良好的保温功能。所以，当地养殖户认为，"蟹大小，看水草"，"要想蟹病少，赶快种水草"。②螺蛳的主要功能在于提供动物性饵料和净化水质。首先，螺蛳富含多种生物活性物质，营养价值高，是河蟹的天然动物饵料。其次，螺蛳是净化水质的"清道夫"。螺蛳食性杂，通过摄食河蟹的剩渣残饵，特别是水中的浮游动植物以及有害物质，能够净化水质，改善水域生态条件。③"稀放"的主要功能是调节水质。目前，每亩水面投放的幼蟹数量一般在500只左右，而不是像过去那样追求高密度投入。在调节水质的同时，稀放也改善了河蟹的栖息环境。④"配养"是利用生物多样性原理，通过生物链条，改善养殖水域的环境，提高水产养殖的综合效益。比如，河蟹养殖中配养黄白鲢，可以让其吃掉水中的浮游动植物，发挥水体"清洁工"功能。再比如，在水禽—鱼—蟹立体养殖模式中，水面养鸭、水中养鱼、水底养蟹，实现了鸭粪喂鱼、鱼粪喂蟹。⑤"调水"是生态养殖的关键之关键，因为水质一旦恶化，养殖效益就失去了基础。"种草"、"投螺"、"稀放"和"配养"是调节水质的基本措施。与此同时，在高温季节使用生物制剂（光合细菌）也是养殖户调节水质和促进水体生态平衡的常用措施。

综上所述，水环境在生态养殖中居于基础性地位，良好的水质是实施生态养殖的基本条件。同时，生态养殖也将水域水质修复到了Ⅱ类、Ⅲ类，能直接饮用。所以，生态养殖和水环境之间形成了"以水养蟹，以蟹保水"的互利共生格局。

（四）再上新台阶："养好蟹"

2006年以来，通过农业部"渔业科技入户项目"的实施，大公圩地区的河蟹产业迈入了新的发展阶段。近年来，当地逐渐推广蟹鳜、蟹虾、虾蟹三大混养技术模式，并提出了新的发展目标，旨在推动由"养大蟹"到"养好蟹"的转型，实现河蟹产业新一轮的升级换代。

究竟什么是"养好蟹"，目前尚没有明确的界定，也没有统一的测量标准。但通过与"养大蟹"的比较，可以概括"养好蟹"的基本特征。相对于"养大蟹"，"养好蟹"的突破在于以下几个方面。

首先，更加重视养殖水域生态系统的保护，注重经济效益、生态效益和社会效益的统一。只有优质的水质，才能养殖出"好蟹"。"养好蟹"也进一步修复和保护了水质。就养殖水域的水质而言，初期的水质为Ⅱ类、Ⅲ类，"大养蟹"导致水质恶化为Ⅲ类、Ⅳ类，后期（低谷时期）恶化到Ⅳ类、Ⅴ类，而"养大蟹"则通过生物修复，使水质恢复到Ⅱ类、Ⅲ类。在"养好蟹"阶段，绝大部分水域是Ⅱ类、Ⅲ类，个别水域能接近Ⅰ类。比如，2007年，石桥镇一块实施生态养殖的水面出现了不少淡水水母。2008年，淡水水母数量明显增加。同时，黄池等乡镇的水面也出现了淡水水母。资料显示，淡水水母是淡水中的稀有腔肠动物，一般情况下，只有Ⅰ类水中才会出现（2010年9月，县水产局调查资料）。

其次，强调标准化生产，进而提供安全、优质、健康的水产品。在此意义上，"养好蟹"也可称作"养优质蟹"或者"养精品蟹"。在此基础上，"养好蟹"阶段注重延长河蟹产业链，发展河蟹产品加工与出口创汇以及休闲观光产业。

再次，加强水产品质量的等级认证。"养好蟹"不仅要提高河蟹的规格、质量和口感，而且注重在此基础上加强相应的认证等级，也就是加强无公害河蟹、绿色河蟹和有机河蟹的生产与认证。2013年，笔者在调查期间发现，大公圩地区的河蟹生态养殖公司正在实施水稻种植与良种蟹种培育相结合的生态种养新模式，在此过程中不仅加强河蟹的生态等级认证，还正在加强"有机稻米"的认证与生产。

从"大养蟹"到"养大蟹"再到"养好蟹"，是我国河蟹养殖产业的普遍趋势和一般规律。就全国河蟹产业的发展而言，无论是辽河流域，还是长江中下游流域，都已经经历了从"大养蟹"向"养大蟹"转型，目前基本上都处于"养好蟹"这一新阶段的革新与超越中。

第三章　适用技术

关于技术,有"乌鸦"派(技术悲观主义)和"喜鹊"派(技术乐观主义)两种极端阵营。前者对技术持怀疑和否定的态度,认为技术的发展必然带来灾难;后者则将技术奉若神明,视技术进步为社会发展的决定因素和根本动力,鼓吹技术是万能的。笔者对技术持谨慎的乐观态度:技术进步是社会发展的动力,但是技术滥用也造成了严重的社会问题,当前严重的生态退化与环境污染就与之密切相关;但是,我们不能因此完全放弃技术,正如生态现代化理论所主张的那样(Mol,2000),解决包括生态恶化在内的诸多问题,技术仍然是不可或缺的。

河蟹能成为一项产业,首先得益于相关技术的突破:"大养蟹"之所以可能,得益于人工育苗技术的突破与养殖技术的大众化;河蟹产业之所以能重整旗鼓,则得益于生态养殖技术的突破。因此,河蟹产业的发展历史,也是技术突破与技术进步的历史。而技术的突破与进步,不仅仅是科学家智慧的结晶,更是社会需求的结果,具有一定的时代性和阶段性,反映了特定的社会背景和社会需求。正如罗伯特·默顿(1986:20)在《十七世纪英国的科学、技术与社会》1970年再版前言中所写的那样:"科学的重大的和顽强的发展只能发生在一定类型的社会里,该社会为这种发展提供物质和文化两方面的条件。"技术的进步机制也是同样的道理,河蟹养殖技术的突破就是科学与社会互动的结果,具有特定的社会背景。其中,市场与社会的需求也是水产专家科研的动力。①人工培育蟹苗技术诞生的社会背景是，市场上的河蟹供不应求，河蟹养殖有着极大的社会需求。20世纪80年代之后，家庭联产承包责任制的实施以及国家对河蟹产业的重视，诱发了人工育苗技术的二次革新，促进了土池培养幼蟹技术的开发与进步。②生态养殖技术诞生的社会背景是，在河蟹产业成为农村经济重要组成部分的情况下，粗放型养殖模式导致河蟹养殖产业陷入严重困境，亟待找到新的发展路径。随后，大公圩地区河蟹产业的快速发展直接刺激了本土技术的研发和突破。

但是，技术进步与技术应用处于完全不同的维度，技术的应用过程是技术与社会相匹配的结果，其本质是所研发的技术如何为受众所接受和运用的问题。本章重在分析技术究竟是如何推广、如何融入社会、如何适应底层社会民众的。在此，笔者将先从"自上而下"的视角研究技术的推广体系，再从"自上而下"和"自下而上"相结合的视角分析生态技术的社会适应性。

一 生态技术的推广体系

与工业经济相比，以河蟹养殖为代表的水产经济乃至整个农业经济都还是弱势产业，其技术推广体系也非常薄弱。在很多地区，技术推广体系的困境极大地制约了以生态技术为代表的先进技术的推广与运用。而大公圩地区通过组织体系创新，形成了推广—扩散型技术推广格局，破解了技术推广中的"断层"问题。

（一）农业技术推广的体制性困境

1. 从河南项城案例说开去

2007年，中国农业大省河南省的项城市因为农业技术推广不到位，农民缺乏相应的技术指导，导致近700公顷采用优质良种的麦田出现减产甚至绝收的问题。笔者综合央视对该事件的系列报道，将此事件的来龙去脉梳理如下。

技术匮乏让麦子夏收成泡影[1]

2007年夏收在望，河南项城近万亩采用优质良种的麦田却出现了减产甚至绝收问题。眼看夏收在即，农民们却欲哭无泪。这到底是怎么一回事呢？

调查发现，所有出问题的麦子都采用了一种叫作"豫农949"的新麦种。难道这个麦种有什么问题？调查发现，"豫农949"属于良种补贴的品种，由项城市统一招标购进。相关资料表明，这是由国家审定的优质高产小麦新品种，适宜在河南、安徽、江苏等地种植，2005年获得国家黄淮南片小麦品种生产试验第一名。从各个地区的种植情况来看，既高产又稳产。既然如此，为什么会出现大幅减产？

河南省气象台发布的资料表明：去年（2006年）10月，河南平均气温比同期偏高3摄氏度以上，进入11月份，气温依然偏高。由于去年是暖冬，造成麦苗年前生长过快，而次年3月5日前后，这批抗寒型越冬小麦已经拔苗。可正在这个时候，突然来了一次倒春寒，温度降至零下。而"豫农949"此时正处于孕穗期，是抗寒性最弱的时候，所以遭受了冻害。按照该品种的生长规律，"豫农949"属于弱春性品种，相比一般麦种，它在春季里的抗寒性更差，因此播期要晚一个星期左右，最早也不能早于10月10号，目的就是要躲过倒春寒；播量最多每亩6~7公斤。

而在项城大于庄村，村民们由于没有得到技术培训，对这种新品种的生长规律和生物特性不清楚，所以仍然按照以往种麦子的经验进行播种。每亩播种量高达三四十斤，超过每亩规定播种量许多；而且播种时间不但没有延迟，反而提前了十几天。因此造成夏收季节的减产甚至绝收问题。而同为项城市的宋庄村种了1300多亩"豫

---

[1] 根据CCTV《技术匮乏让麦子夏收成泡影》（http://news.cctv.com/china/20070518/104861.shtml）和《河南项城：同是优良麦种 丰收减产两重天》（http://www.agri.gov.cn/gndt/t20070522_819647.htm）整理而来。

农949",全部长势良好,就是因为宋庄村是项城市农业局的良种示范基地,麦农因此得到强有力的技术支持。

简言之,河南大于庄村村民由于没有相应的技术培训,对新品种的生长规律和气候条件不了解,仍然按照以前的种植经验进行播种,造成减产甚至绝收的局面。宋庄村由于得到了强有力的技术支持,所有麦地长势良好。宋庄村得到技术支持的基础,是因为该村为市农业局的良种示范基地。但是,示范基地的数量是极其有限的。在那些不是示范基地的地区,先进的农业技术推广往往就成了问题。农民在这种背景下采用新技术就会面临很大的困难和风险。

2. 我国农业技术推广的体制性缺陷

所谓"推广"(extension),是一个出现在19世纪的术语,用来描述大学和研究机构的科学知识向农民的田间地头转换(Warner,2008)。也正是因为向农民推广了农业技术,才产生了所谓的"农业革命"。这种农业革命的结果不但包括农业高产,还包括农业污染的大幅下降(Rogers,1988)。但是,不同的技术推广体系会导致不同的技术推广效果。

目前,我国的农业技术推广是政府主导,并建立了从中央到乡镇的五级技术推广体系。其中,县乡两级农业技术推广部门是开展具体技术推广活动的主体。但由于财政和行政体制等原因,基层的技术推广困境重重。①农业技术推广经费短缺问题突出。②技术推广部门办公条件差,设施落后。③基层特别是乡镇一级农业技术推广部门基本处于瘫痪或者半瘫痪状态,被称作"线断、网破、人散"状态。笔者在皖南一带调查时发现,很多基层技术推广站形同虚设,乡镇技术推广员甚至在从事计划生育工作。④专业技术力量薄弱,专业素质结构也不合理。非专业技术人员(行政人员)过多,专门从事农业技术成果推广的人员更少。美国、日本和德国等发达国家,每万名农业人口中就有40名农业科技人才,而我国只有6名(高文,2011)。⑤技术推广员缺乏工作积极性和创造性,由此导致科技成果在走向社会化过程中出现"断层"现象。即:从技术发明到技术应用的过程出现中断，造成一方面发明创新成果"相对过剩"，另一方面技术应用与推广却"市场疲软"的社会现象（陈凡，1995：27）。

技术推广的体制性缺陷极大地阻碍了先进农业技术的应用。主要表现在以下两方面。①关键的农业技术至今尚未推广到位。目前，影响我国粮食生产的水稻旱育稀植、平衡配方施肥、病虫害综合防治和节水灌溉四大关键农业技术在20世纪80年代就已经诞生并开始在全国农村推广，但这些关系农业增产和农民增收的老技术推广了20多年仍然迟迟不能到位（张少兵、王雅鹏，2007）。②各级政府几乎每年都安排专门的技术推广活动，如技术下乡活动等。但是，下乡活动一结束，随着专家的回城，所推广的技术也跟着回城了。技术并没有扎根农村，留在农村。

（二）生态技术推广的组织体系创新

技术市场是我国改革开放后出现的社会创新，但技术成果的应用和推广光靠市场的自发调节难以奏效，还需要国家和政府进行有计划、有组织的社会调适（陈凡，1995：31）。为解决技术推广中的"线断、网破、人散"问题，当地政府通过农业部"渔业科技入户项目"，建立健全了技术推广的组织体系，组建了上至农业部专家组、下到普通养殖户的相互影响的技术网络（见图3-1）。这种网络建立了技术推广与转化

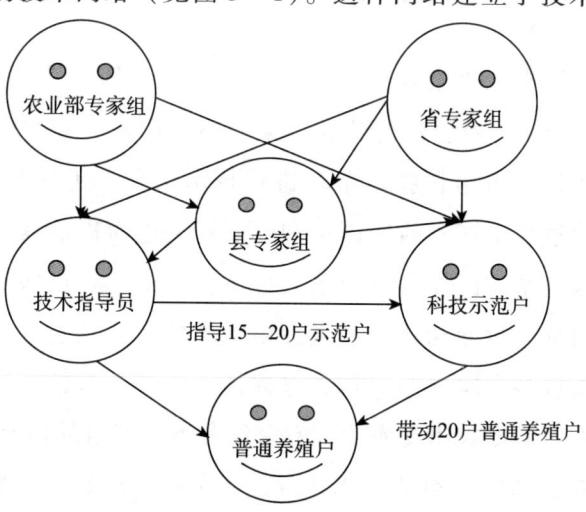

图3-1 生态技术推广体系与组织结构

的有效机制，解决了技术推广中的"断层"问题。

如图3-1所示，在生态技术推广体系中，一共有三个系统，即专家组系统、技术指导员系统和科技示范户系统，其中，技术指导员系统既是技术受众，也是技术推广主体。一方面，技术指导员接受专家组的技术培训，另一方面，每名技术指导员负责指导15—20户科技示范户，而每名示范户再辐射带动20户左右普通养殖户。这样，所有的养殖户都能在技术辐射圈内。

专家组、技术指导员和科技示范户三个系统发挥着各自不同却又相互联系、相互补充的功能。在这个组织结构内，专家组和科技示范户之间以及技术指导员和科技示范户之间，是"自上而下"的技术推广关系，而科技示范户和普通养殖户之间则是民间社会内部的技术扩散和技术辐射关系。这种推广—扩散格局是技术推广体系和组织制度的重要创新，从而解决了技术推广中力不从心的问题。因为单靠政府部门"自上而下"的技术推广，无论是人力还是精力，都是有限的。而通过科技示范户这一中间载体，技术得以在民间扩散与有效应用。这种立体的、环环相扣的网络结构体系，为生态养殖技术的社会化奠定了坚实的组织基础。

（三）生态技术推广系统

1. 专家组系统

专家组系统有三个层次，一是国家层面的，即农业部的水产专家，二是省级专家组，三是县级专家组（见图3-1）。专家组既对技术指导员进行技术培训，也给科技示范户进行技术指导，还到养殖水面调查、了解河蟹养殖过程中遇到的新困难和新问题，进而提供具有针对性的技术服务。专家组系统内部有较细致的分工。其中：农业部专家组主要发挥的是技术培训和指导功能，并且提供最新的技术信息和资料；省、县专家组系统是以县专家组为实体，发挥技术培训和日常管理功能；在具体的业务方面，县专家组受农业部专家组和省专家组的指导。

首先，农业部专家组的技术指导。"种草、投螺、稀放、配养、调水"是生态养殖的核心，但这绝不意味着学习了这一基本内容就能成功实施生态养殖。具体的生产环节非常复杂，在不同的气候、季节以及不同生态条件的养殖水面中，生态养殖的具体措施有所不同。因此，生态养殖的一般原理是静态的，但具体技术运用是动态的，并且每年都根据自然条件的变化而有所更新。这里以种草为例进行说明。正所谓"蟹大小，看水草"，水草覆盖率的多少将直接影响河蟹的规格和质量。生态养殖理念普及后，养殖户懂得了水草的重要性，都十分重视水草的种植与保护，但有不少人走到了另一个极端，出现了大量种植水草甚至"溺爱"水草的现象，反而造成了水体富营养化问题[1]。诸如此类新问题的解决都需要专家组的技术指导。农业部专家组的社会文化特征是学术水平高、专业知识和理论知识丰富，对河蟹产业发展及其前景有系统的研究。

其次，省、县专家组的培训和管理。省专家组是因为农业部项目的需要而产生的派出单位和指导单位，会不定期地前来开展一些技术培训活动。县专家组是技术推广与业务活动的实体单位，主要负责以下五个方面的工作。①邀请全国的水产专家前来开展技术培训。②组织技术员到外地参观学习。③遴选技术指导员和科技示范户。④进行应急型的技术指导。比如2008年和2009年遭遇特大雪灾，县专家组组织技术人员发布应急救灾措施和技术指南。⑤其他日常工作。县专家组开通了"渔业科技入户示范工程网络服务平台"，利用这个平台将各种技术培训、渔事安排及天气状况等最新信息以短信这种现代通信网络及时发送给示范户。实地调查期间，笔者电话联系有关科技示范户访谈时，首先听到的是："您好！欢迎拨打当涂县渔业科技入户通信网络服务系统，科技入户，增效富民……"此外，自2002年起，每年12月份的第一周被确定为"水产科普活动周"，以此作为生态养殖技术培训和到外地学习考察的专门时间，这一活动由县水产局负责具体实施。

---

[1] 此外，为了保证蟹苗安全生长，养殖户在放苗前会清除"有害"生物——用生石灰消毒等措施，将所有吃蟹种的生物尽可能地清除，而这会破坏水域的生物多样性。如何解决该问题，需要水产专家的深入研讨。

2. 技术指导员系统

在业务方面，技术指导员接受各级专家组的技术培训，从而更好地指导他们所负责的科技示范户。每名指导员负责10户科技示范户的技术服务工作①，每年到户工作时间累计不少于60天。县水产局为科技示范户制作了工作联系卡，卡片上印有技术指导员的姓名、联系电话、住址等基本信息，以便于示范户与技术指导员的及时沟通。这样，一旦养殖过程中有技术需求，示范户就可以打电话联系技术指导员，进行咨询或者要求指导员到养殖水面实地查看，然后给出解决措施。此外，每名技术指导员还要制定技术指导方案，帮助科技示范户拟定全年生产计划。

技术指导员系统的社会文化特征是：文化水平相对专家组系统要低，但要高于科技示范户；他们是当地人，熟悉农村社会，与老百姓和科技示范户以及普通养殖户打交道的时间更多。技术指导员主要是从县乡技术推广站、水产研究所等机构遴选出来的。大公圩地区一共有17名技术指导员，其中，11名来自乡镇政府（农技站），2名来自县水产局，4名来自县水产站。技术指导员的年龄、性别、文化（专业、学历、职称）结构和指导户数情况如表3-1所示。

表3-1 技术指导员的性别、年龄和文化结构

序号	性别	年龄（岁）	职称	学历	专业	指导户数（户）全县	指导户数（户）大公圩	单位
1	男	33	工程师	本科	水产养殖	10	3	县水产局
2	男	32	工程师	本科	水产养殖	10	9	县水产局
3	男	45	工程师	大专	水产养殖	10	4	县水产站
4	男	43	助理工程师	大专	水产养殖	10	9	县水产站
5	男	42	助理工程师	大专	水产养殖	10	4	县水产站
6	男	39	助理工程师	大专	水产养殖	10	10	县水产站

---

① 2009年调查时，每名指导员负责10—20户科技示范户的技术服务工作，与之相关的分析参见陈涛《生态技术推广的体制性缺陷与破解路径》，《广西民族大学学报》（哲学社会科学版）2010年第6期。2013年，笔者在调查时发现，技术指导员和科技示范户均有一定的调整。本书根据2013年调查时收集到的最新数据进行了更新。

续表

序号	性别	年龄（岁）	职称	学历	专业	指导户数（户）全县	指导户数（户）大公圩	单位
7	男	40	工程师	大专	水产养殖	10	10	护河镇政府
8	男	40	工程师	大专	水产养殖	10	10	石桥镇政府
9	男	40	工程师	大专	水产养殖	10	10	乌溪镇政府
10	男	41	工程师	大专	水产养殖	10	10	塘南镇政府
11	男	41	工程师	大专	水产养殖	10	10	塘南镇政府
12	男	39	工程师	大专	水产养殖	10	10	大陇乡政府
13	男	41	工程师	大专	水产养殖	10	10	大陇乡政府
14	男	40	工程师	大专	水产养殖	10	10	大陇乡政府
15	男	38	工程师	大专	水产养殖	10	10	黄池镇政府
16	男	41	工程师	大专	水产养殖	10	10	黄池镇政府
17	男	40	工程师	大专	水产养殖	10	10	黄池镇政府

数据来源：基础数据由县水产站2013年8月16日提供。其中，年龄是由2013年减去出生年所得。

如表3-1所示，技术指导员系统是一支年富力强、专业技术水平较高的队伍。①学历结构：本科2人（11.8%），大专15人（88.2%）；②专业结构：均为水产养殖专业（100%）；③职称结构：工程师14人（82.4%），助理工程师3人（17.6%）；④年龄结构：30—40岁的有5人（29.4%），40—45岁的有12人（70.6%）。另外，在性别结构方面，均为男性。实施"渔业科技入户项目"以来，技术指导员纷纷在《渔业科技》等专业刊物发表有关河蟹生态养殖试验与研究方面的科研论文，进一步增强了研究能力和技术指导能力。

3. 科技示范户系统

大公圩地区大约有6000户家庭从事河蟹养殖产业，县水产局从中选择了149户作为科技示范户。科技示范户的遴选条件是：有一定的文化水平（有一名劳动力文化程度在初中以上），有较好的养殖技能（生态养殖效益较高，河蟹养殖规模在当地属于中上水平），愿意以自己所掌握的生态技术帮助、带动周边养殖户（原则上，每名科技示范户辐射带动 10—20 户普通养殖户）。

科技示范户是当地的生态养殖精英，也是生态技术推广的重点对象。他们能优先获得技术培训和技术指导，优先获得生态养殖的最新技术信息和生产设备，如免费获得水质自动检测仪等。同时，他们还有权利对技术指导员的工作绩效进行评价。评价结果会在很大程度上影响技术指导员的物质津贴和精神奖励。所以，这也对技术指导员的技术服务确立了监督和激励机制。

如表 3-2 所示，在年龄结构方面，科技示范户系统中年龄最大的是 61 岁（1 人），最小的是 27 岁（1 人）。科技示范户责任主体的年龄主要集中在 40—50 岁（1963—1973 年出生），共计 98 人，占总数的 65.8%；其次是 50—60 岁的年龄组，共计 32 人，占总数的 21.5%；再次是 30—40 岁的年龄组，共计 26 人，占总数的 17.5%。

表 3-2　科技示范户责任主体的年龄结构

出生年代	出生年份	年龄（岁）	人数（人）	占比（%）
20 世纪 50 年代	1952	61	2	1.3
	1954	59	2	1.3
	1956	57	1	0.7
	1957	56	2	1.3
合计			7	4.7
20 世纪 60 年代	1960	53	2	1.3
	1961	52	1	0.7
	1962	51	14	9.4
	1963	50	10	6.7
	1964	49	11	7.4
	1965	48	12	8.1
	1966	47	6	4.0
	1967	46	6	4.0
	1968	45	12	8.1
	1969	44	10	6.7
合计			84	56.4

续表

出生年代	出生年份	年龄（岁）	人数（人）	占比（%）
20世纪70年代	1970	43	8	5.4
	1971	42	5	3.4
	1972	41	11	7.4
	1973	40	7	4.7
	1974	39	3	2.0
	1975	38	5	3.4
	1976	37	6	4.0
	1977	36	5	3.4
	1978	35	3	2.0
	1979	34	2	1.3
合计			55	36.9
20世纪80年代	1981	32	1	0.7
	1982	31	1	0.7
	1986	27	1	0.7
合计			3	2.0

数据来源：基础数据由县水产站2013年8月16日提供。其中，年龄是由2013年减去出生年而得。

在学历结构方面，科技示范户责任主体的文化水平高于普通养殖户的文化水平，但远远低于专家和技术指导员的文化水平。通过对科技示范户责任主体的文化结构进行分析，笔者发现：初中文化程度占绝大多数，共计97人，占65.1%；其次是高中学历，共23人，占15.4%；再次是大专学历，共13人，占8.7%；小学和中专分别为8人，均占5.4%（见图3-2）。

表3-1、表3-2和图3-2表明，相对技术指导员系统，科技示范户系统呈现明显的"一高一低"特征，即年龄明显偏高，而文化水平明显偏低。①年龄集中在40—50岁，45岁以上的有81人，占一半以上（54.4%），30—40岁的仅占17.5%。这与技术指导员30—40岁占29.4%、40—45岁占70.6%形成很大反差。②文化水平低，其中小学文化水平占5.4%，初中文化水平占65.1%，最高学历为大专，占8.7%。

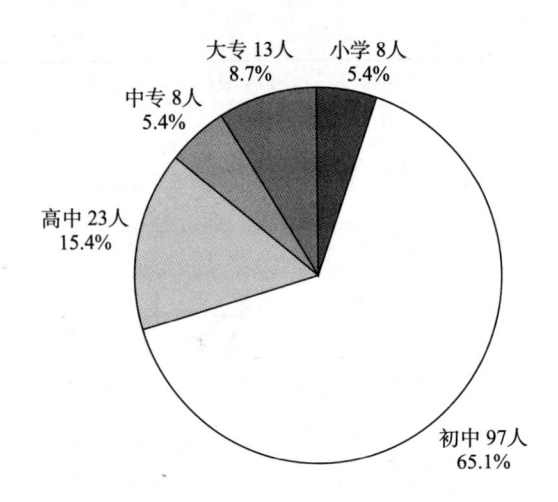

[图：饼图显示科技示范户责任主体学历结构]
- 大专 13人 8.7%
- 小学 8人 5.4%
- 中专 8人 5.4%
- 高中 23人 15.4%
- 初中 97人 65.1%

图 3-2　科技示范户责任主体的学历结构

数据来源：根据县水产站 2013 年提供的基础数据进行的计算。

而技术指导员的文化结构中最低学历是大专，占 88.2%，本科则占 11.8%。如果和专家组相比，则相差更远。技术推广中如何解决这"一高一低"问题是本章第二部分要阐释的，这里要说明的是：①他们的文化水平高于当地普通养殖户的平均受教育水平，是养殖户中的技术精英和文化精英；②他们与专家系统和技术指导员系统发生直接的业务联系；③他们对生态技术的采用情况及其生态养殖效益会直接影响到普通养殖户对新技术的评价和采用。因此，他们是技术社会化的重要桥梁和中间载体。

（四）生态技术推广中的"梯级层次"

1. 生态技术推广—扩散格局

如图 3-1 所示，生态技术并不是均等化地推广下去的。相反，技术推广中呈现的是"梯级层次"，即以科技示范户为主要推广对象，而后再通过他们在社区内传播、扩散生态技术。这种推广—扩散格局符合农村社会的实际情况。因为在技术推广中，并不是凡能获得高产高效的技术就能得到迅速普及，很多非经济因素反而在技术采用中发挥着更重要的功能。

社会学家在研究玉米杂交种推广中发现,从技术革新到决定采用这一过程中,邻居是极其重要的影响渠道(Ryan & Gross,1943;Rogers & Burdge,1988:303)。但什么样的邻居才能发挥关键性的影响呢?在生态技术推广中,科技示范户是生态技术转化和普及化的关键载体。事实上,早在20世纪30年代,晏阳初在平民教育运动中实施的"表证农家"就与之同理。所谓"表证"是表演、证明的意思,就是选择接受识字教育的中青年先试用这些新方法、新品种,进而影响乡邻。也就是用农民自己的成功经验教育那些普通农户,让他们从身边人的成功中感受到现代农业技术的威力。"表证"是"平民教会"在推行某一良好制度或事物前的一项必须的准备工作,比现在习用的"示范"更具积极意义。因为由农民当众表演、证明其成效,让农民亲眼看到科学的功用,领导农民自动实行,自然和教师及熟手的示范意义大不相同。"表证农家"的技术推广方法收到了极大成效,被认为是使农业科学深入民间最妥善的制度(吴相湘,2001:193—195)。无论是技术推广中的科技示范户系统,还是"表证农家"制度,它们之所以能更好地发挥技术辐射和扩散功能,从根本上说,是由技术受众的社会文化特征决定的。

2. 技术受众的社会文化特征

并不是所有的人都会同时采用一项新技术,相反,技术采用者在一定系统内是可以被分类的(Rogers,1962:148)。同为技术采用者,其内部往往有很大的异质性。生态技术受众[①]包括科技示范户和普通养殖户两类,前者包括"先进受者"和"先进多数"两种类型。"先进受者"是那些最早开始探索新型养殖模式的民间精英,在水产专家前来推广先进技术之初,他们也是首批积极采用的人群。"先进多数"则是在政府"自上而下"的推广活动中较早采用新技术的人群。普通养殖户的技术采用时间较迟,其技术来源渠道主要是科技示范户(见表3-3)。

[①] 笔者这里关于技术受众的分析受罗吉斯和伯德格等人的研究启发。他们根据革新精神将受者分成四种类型:①先进受者;②先进多数;③落后多数;④落后者。参见 Rogers 和 Burdge(1988:308-310)。

表 3-3 技术受众的社会文化特征

比较维度	先进受者（生态养殖精英）	先进多数	普通养殖户
采用的时间	最早（1997年左右）	中间（2002年）	2002年以后
态度和价值观	富有冒险和尝试精神，积极探索、采用新技术	相对保守、传统，不做"第一个吃螃蟹的人"；但相对普通养殖户，具有较强的创新意识	对新技术持怀疑和观望态度；只有社区内多数成员采用新技术并取得成功后，才会跟着使用
受教育水平	高于当地社区的平均文化水平（初中以上文化水平）；具有较强的试验能力和技术革新能力	稍高于本社区平均教育水平；有一定的阅读农业杂志和获取信息的能力，有一定的探索、试验能力	文化水平很低，难以直接学习利用新技术；技术操作能力不强，需要直接的技术指导
在社区中的地位	在社区内外有很多社会关系，在社区内有比较高的社会地位；他们对技术的应用效果对社区其他成员具有直接影响	在社区内有一定的社会关系网络，参加一定的社会组织；他们是谨慎地采用新技术并获得成功的典范	生活相对闭塞，社区内外的社会资源很少
技术来源	专家学者；先进社区的成功经验；在本社区进行探索试验和比较研究，发现既有养殖模式问题的症结，并试验新型养殖模式	科研院所水产专家的讲座；先进受众（生态养殖精英）的成功经验	直接来源于先进受者以及社区中的"先进多数"；间接来源于水产专家
技术影响人群（TAP）	对本社区的养殖户具有直接的、面对面的、显性的影响；对本社区外的其他养殖户也有很强的影响力和辐射力	作为技术采用的先进多数，他们对新技术的采用会影响到普通养殖户对生态技术的采用	其养殖效益与其他养殖户相互影响，并影响到他们对新技术的进一步采用

（1）先进受者是科技示范户中的技术精英。他们早在政府系统地推广新技术之前就开始试验、探索新型养殖模式，在某种程度上也可被视作技术革新者。他们具有如下社会文化特征：①具有很强的探索和冒险精神，具有尝试新技术的兴趣；②文化水平高于当地社区的平均水平，具有较强的试验能力与技术革新能力；③在社区内有比较高的社会地位，无论社区内还是社区外都有比较多的社会网络，能够学习到其他地区的先进养殖经验；④先进技术一方面来源于水产专家和学者的理论知识，另一方面则来自他们到生态养殖先进地区的经验学习以及自己的探索、试验；⑤他们是生态技术的最早采用者和首批技术受众；⑥在技术影响人群（technology affected persons）方面，他们实施生态养殖模式取得成

功后，对社区内的其他养殖户产生了直接的、显性的影响，促进了社区成员对生态养殖技术的采纳，同时对社区外养殖户也产生了积极影响。然而，他们得到充分认可是在新型养殖模式取得显著经济效益之后。在河蟹养殖遭遇"寒流"时期，对于技术变革和试验，社区内其他养殖户是持否定态度的。

（2）先进多数是水产专家系统推广技术之初的技术采用者，也是科技示范户的主体。他们具有如下社会文化特征：①相对技术革新者显得保守和传统，不愿做"第一个吃螃蟹"的人，但相对于普通养殖户又不愿意固守传统的养殖模式，因而是谨慎地使用新技术的典范；②文化水平稍高于当地社区的平均水平，有一定的阅读农业杂志和获取信息的能力；③在社区内有一定的社会关系网络；④他们的技术既来源于水产专家、学者的技术培训和指导，也来源于当地技术革新者的经验探索；⑤他们采用新技术的时间晚于先进受者（生态养殖精英），但早于普通养殖户；⑥他们对新技术的采用效果会直接影响到普通养殖户采用新技术的信心。

（3）普通养殖户是生态技术的最后应用者。他们具有如下社会文化特征：①在技术采用者中，他们的受教育水平最低。其中大多数是小学及以下文化水平，难以通过阅读报纸和杂志学习采用新技术。其技术操作能力也不强，需要他者的指导与示范。因此，尽管他们也隐约觉察到需要进行技术变革，但是受自身文化科技水平的限制，并不具有技术革新的能力。①②生活环境相对闭塞，社区内的社会关系网络资源有限。③他们对新技术持怀疑和观望态度，害怕采用新技术而导致失败，只有在社区内多数成员采用并取得成功后，才会跟着运用。这是因为生态养殖前期需要投入，他们对这种投入的结果预期具有很大的不确定性，认

---

① 费孝通在研究蚕丝业发展时，也指出了技术变革与承受变化的传统力量的关系："生丝价格低落及贫困加剧之间的关系，人们已经很清楚。开始为了恢复原有的经济水平，他们试图发现技术上需要什么样的变革。但他们的知识有限，靠他们自己并不能采取任何有效的行动，发起和指导变革过程的力量来自外界。"参见费孝通（2006：177）。

为采用新技术有一定的风险，故而不愿做新的尝试①，是新技术的最后采用者。④虽有机会参加水产专家和学者的技术培训，但直接的技术来源主要是科技示范户。⑤他们对新技术的采用和社区内其他成员会相互作用、相互影响。

正是因为普通养殖户文化水平低，而且不愿意最先采用新技术，所以，社区内部的技术扩散比"自上而下"的技术推广效果更好。当然，政府在技术推广活动初期可能并没有考虑到这一点，但这无意中更好地促进了技术的社会化。这也证明了"梯级层次"的生态技术推广体系是符合技术采用主体的实际情况的。

（五）生态技术如何扎根农村？

农业部"渔业科技入户项目"的周期是五年，项目到期后就不再有财政政策支持。在市场经济条件下，农民也就难以继续在全国范围内邀请水产专家定期前来开展技术培训与指导。那么，如何规避"专家回城技术走"的困境呢？

1. 项目周期内：刺激技术的推广与转化

农业部"渔业科技入户项目"解决了农业技术推广站"有钱养兵、无钱打仗"这样的一般性困境。在该项目的支持下，技术推广人员（技术指导员）系统学习了最新的生态养殖技术，并走向技术服务的第一线，同时，项目实施中提供了相应的物质津贴和精神激励，进而增进了他们技术服务的内在动力。

在直接的物质激励方面，技术指导员能得到较优越的补贴。首先，每人每年能获得2000元的固定补贴基金，最高补贴可达4000元。同时，补贴中还有一些动态的奖励基金。比如，2008年每名技术指导员得到了

---

① 这种现象在技术推广中具有一般性和规律性。秦红增在研究科技下乡时也发现类似情况："在农民们看来，任何一个推广项目，不是实验，而是'冒险'。因为除了政府的一点扶持外，绝大部分的人力、物力和资金的投入都是他们自己的。成功了好说，失败了连当年的生计都难以有着落。……因此，当政府或非政府组织的科技推广项目下达乡村后，无论是'压'还是'诱'，农民们起初都很少认同，如沼气项目就是如此。"参见秦红增（2005：85）。

3000元的补贴，其中的1000元来自市里的一个农业项目。其次，每年年终对技术指导员的工作进行考核，年度考核中采取差别激励措施，前三名可以配备电脑（2008年8月10日下午，塘南镇技术指导员访谈资料）。年度考核中，设立一等奖1名，奖励2000元，二等奖2名，分别奖励1500元，三等奖3名，分别奖励1000元（2010年9月7日，县水产局访谈资料）。正是因为有这些物质层面的奖励措施，技术指导员的工作热情得到了很大的提高，也为良好的技术推广效果奠定了基础。按照要求，他们每年入户工作时间是60天，但基本都超过了要求的工作时间。据统计，全县入户技术指导的平均时间是65天。

2. 项目周期外：储备扎根田野的本土人才

培养并储备本土人才是农业技术扎根田野的关键。当地通过农业部项目以及"水产技术人才提升工程"等措施积极培养并储备了能够扎根农村、留在农村的本土人才。这是生态养殖产业长期发展的重要人力和智力资源。

首先，科技示范户既是技术转化过程中的关键环节，也是将生态技术留在田间地头的重要载体。无论是中国还是其他国家，为了推广最新的农业技术，都实施了大量的农业项目。但是，项目实施中都存在一个怪圈，即项目一旦完成，往往就会出现"专家回城技术走"的局面。先进的农业技术并没有在农村扎根，而是随着项目的结束相继流失。在大公圩地区，科技示范户是技术的直接采用者，他们不仅通过相互影响的方式促进了技术的传播，更重要的是将技术留在了农村，扎根在了田野。这样才真正实现了生态技术的长期社会服务功能。

其次，技术指导员是政府部门从事农业技术推广活动中最基层的一环。20世纪90年代以前，当地水产技术人才匮乏，全县技术人员还不足10人。为了发展河蟹养殖产业，1989年和1990年，县水产部门联合教育部门在大陇乡职中开展了两届淡水养殖专业地方中专班，70名毕业生先后分配到乡镇水产技术推广岗位。随后，全县乡镇陆续建立起水产科研、技术推广体系（当涂县地方志编纂委员会，2012：365）。这些水产技术人才逐渐成为当地主要的技术专家,成为技术指导员队伍中的骨干与核心。为了适应河蟹产业的发展需求,县政府于2008年通过机制创新,实施了"水产技术人才提升工程",聘请上海海洋大学的教师前来集中授课。技术指导员经过三年时间的学习,通过毕业论文答辩后,便可以拥有上海海洋大学水产养殖专业大专或本科学历。学习期间,由政府财政解决他们的部分学费、住宿费和车马费等费用。比如,每年学费是1200元,通过毕业论文答辩后,他们凭毕业证到所在乡镇政府报销50%(拿不到毕业证不予报销)。也就是说,个人每年只需要支付学费600元,三年总共1800元。毕业后所拥有的学历,也便于他们申请工程师或农艺师职称(2008年8月10日下午,塘南镇技术指导员访谈资料)。"水产技术人才提升工程"的实施具有十分重要的意义。一方面,这种学习和职称评比方式刺激了技术指导员的学习与科研兴趣,增进了工作积极性;另一方面,毕业论文(原则上,他们的毕业论文主题是研究当地的河蟹生态养殖问题)的撰写增进了他们对生态养殖中出现的新问题的认识与研究,不仅提高了理论水平,也提高了解决实际问题的技术能力。

二 生态技术的社会适应性

农村社会的进步离不开农业技术的创新与推广。然而,并不是所有的农业技术都能够得到有效的推广。在美国能提高生产力的联合收割机在印度也会同样提高生产力吗?答案明显是否定的(Basu & Weil,1998)。同时,技术能否得到成功应用,关键在于其与社会结构是否匹配,而不在于其是不是最先进的技术(邱泽奇,2005;张茂元,2009;张茂元、邱泽奇,2009)。要达到促进技术应用的目标,除了要完善技术推广体系外,更要解决技术的社会适应性这种社会因素。

(一) 生态技术推广中的主体

1. 相关主体的文化层次

生态技术的发明主体、推广主体和采用主体分别对应于发明者、推广者和技术受众即使用者。其中，发明主体是高等院校、科研院所的实验研究人员，他们扮演供给技术的角色，处于技术社会化的初端；推广主体主要是专家组系统和技术指导员系统，他们处于技术社会化的中端；技术采用主体是河蟹养殖户，包括科技示范户和普通养殖户。虽然科技示范户和普通养殖户都是技术的受众，但前者还发挥着向后者扩散、辐射和示范的功能。因此，科技示范户处于技术社会化的末端上游，而普通养殖户则处于末端下游（见表3-4）。

表3-4 技术推广—应用中的三大主体

群体类型	群体	社会角色	端口
发明主体	科研机构的实验研究人员	技术的研究与发明	初端
推广主体	专家组系统、技术指导员系统	技术的购买、引进与推广	中端
采用主体	科技示范户	技术示范引导，推动技术的应用	末端上游
	普通养殖户	本质上决定着技术社会化的成效	末端下游

就所在的文化层次而言，三者之间差异甚大。①技术发明主体具有很深的专业技术知识和很强的研究能力，他们大都具有博士学位，具有教授或研究员等高级职称。②技术推广主体包括两个部分。其中，高等院校和科研院所的水产专家一般具有博士学位，具有教授或研究员等高级职称；以乡镇技术推广站人员为主体的技术指导员的学历水平大多是中专，具有工程师、助理工程师或农艺师等职称。相比较专家组系统而言，技术指导员系统的文化水平已经低得多。③技术采用主体的文化水平最低，以初中和小学为主，没有专业技术职称。可见，从技术发明主体到推广主体再到应用主体，其文化水平在不断下降。

2. 生态技术的应用路径

虽然三大主体之间的文化差异甚大，但是，生态技术推广取得了很好的效果：2006—2008年，示范户主导品种入户率达到100%，主推技术到位率达100%，示范户养殖成功率达95%以上（2009年8月，县水产局调查资料）。这是全县的统计数据，水产技术人员认为，大公圩地区的技术推广效果比这还要好。关于普通养殖户的技术采用效果，虽然没有统计数据，但是从他们能够普遍地将生态技术应用于生产实践不难看出，技术推广是取得了很好效果的。那么，文化水平很低的养殖户是如何掌握生态技术的呢？

前面已经说明，生态技术的推广有两条路径。一是"自上而下"的技术推广，二是民间社会内部的技术扩散。在"自上而下"的推广中，技术标准化发挥了关键功能；在平面的技术扩散中，技术本土化发挥了关键功能。表面上看，技术标准化和技术本土化南辕北辙。因为前者强调的是一致性，而后者强调的则是差异性。但本质上，二者是高度一致的。因为，这里的标准化强调的是生态技术的地方标准，根据县域范围内的水域生态条件，对生态养殖技术进行某些编码，使之在既定范围内通行。这事实上就是技术本土化和地方化。所以，在内在的机理上，生态技术标准化和本土化都是以养殖户——技术的采用主体为中心，根据其文化水平，将复杂的农业技术简化，化繁为简，化难为易，从而促使生态养殖技术得到更好的推广与运用。

（二）生态技术推广的标准化

1. 生态技术的标准化

准确把握养殖户的文化特征后，生态技术推广就具有明确的针对性和目的性，即让所推广的技术能直接被应用于生产实践。为此，专家组在生态技术推广中尽量使用通俗化的语言和生活化的语言，讲授的是形而下的具体应用技术，而尽量规避那些形而上的理论知识和晦涩的专业词汇。同时，他们根据养殖水域的生态条件，在促进生态技术标准化中实现了技术简单化。

标准化具有统一化的特征，其根本目的在于确立生态养殖的技术规范和技术标准，使广大养殖户能够按照统一的模式进行整齐划一式地生产。从技术推广的角度而言，这有利于让养殖户更方便地采用生态技术。所以，技术标准化有两层含义。一是规范养殖，使养殖户按照统一的标准进行养殖，避免滥用农药、乱投饵料，进而保障河蟹的质量和安全，可称之为标准化的生态养殖。二是按照统一模式推广生态技术，因为技术已经标准化，推广过程中就有一套具体的标准，可称之为标准化的推广方式。水产专家所提炼出的"种草、投螺、稀放、配养、调水"这种生态养殖模式，本身就很标准化，言简意赅，易于理解。在具体的生产中怎么实施这种养殖模式也有一个完整的套路可供养殖户操作。仅以生态养殖中的"种草"为例，怎么种草，什么时候种草，种植什么水草，种植多少水草，等等，都有标准化的技术规范。

2009年8月，生态养殖经验和技术模式被汇编成十项地方标准。其中，新制定的标准五项，修订的标准五项，涵盖了生态养殖的全过程。具体包括：一龄蟹种培育技术规范、河沟生态养殖技术操作规程、池塘生态养殖技术操作规程、浅水湖泊围网养殖技术操作规程、成蟹暂养操作规程、生态养殖水草栽种技术操作规程、生态养殖中的饲料安全要求、生态养殖中的病害防治技术规范、地笼的制作和使用操作规范等。技术标准化适用于全县范围，也适用于具有同类生态条件的水域。将养殖经验转化成地方标准，其价值不仅在于将养殖实践上升到理论高度，更重要的是确立了生态养殖的技术规范，为以后的技术推广奠定了基础。标准化后，养殖户从苗种选购、幼蟹培育到生态养殖中的水质调节、病害防治、饲料投放等系列环节都有一套固定的模式可以遵循，而且技术规范具有精确的量化特征。我们可以从池塘生态养殖技术操作规程中一窥全貌（见表3-5）。

表3-5 池塘生态养殖技术操作规程

序号	事项	技术规范
1	池塘面积	以13340—20000平方米为宜
2	池塘结构	池塘四周离埂脚3米挖环形沟，沟宽6—8米，深0.8—1米；中间次沟宽1—1.5米。沟面积占池塘总面积的30%左右，整个沟系互相连通，呈"井"字形。坡比为1∶(3—4)，最大水位达到1.5米
3	进排水系统	池塘养蟹必须具备完善的进排水系统，且进排水系统分开，保持水质清爽，减少疾病。进水及出水口须用聚乙烯网布覆盖，以免河蟹逃逸及敌害生物的进入

续表

序号	事项	技术规范
4	水草种植	无草池塘2—3月种伊乐藻,用量为50公斤/亩;3—5月分期播种苦草和轮叶黑藻,苦草用草量为0.1千克/亩;也可在夏季直接移栽金鱼藻和轮叶黑藻,以便在塘口水体中形成3种左右的水草种群,使水草覆盖率在中后期达到60%—70%
5	螺蛳投放	无螺池塘要分批投放螺蛳,一般每年清明节前投放螺蛳,每亩投放量为100—150公斤,5—6月再投放50—100公斤,投放时要均匀撒开。池塘基本保持每亩200公斤的螺蛳量
6	蟹种放养前的准备	蟹种放养前7—10天加注新水,并施有机肥,适当培肥水质,以防止青苔的滋生
7	苗种规格和数量	蟹种规格应尽量选择大规格,通常为每公斤120—160只,放养数量为500只/亩
8	鱼虾类配养	每亩放养4—5厘米鳜鱼苗15—20尾、10—20厘米细鳞斜颌鲴鱼苗30—50尾,抱卵青虾1.5公斤或2厘米以上青虾苗0.5万—1万尾
9	水质管理	蟹种放养之初,池塘最深水位保持在0.6—0.7米即可,以后逐渐加水,4—5月最深水位保持在0.8—1.0米。进入高温季节(7—8月)应保持最深水位在1.6—2.0米,透明度在50厘米左右
10	病害防治	生态养殖的病害发生率极低。应尽量少用和不用药物。平时注意酸碱度的调节。一般来说,塘口变酸容易滋生病菌。严禁在河蟹脱壳高峰期使用药物。根据水质情况6—8月可用微生物制剂和底质改良剂每月调节2—3次

资料来源:《无公害河蟹 池塘生态养殖技术操作规程》,载《当涂县河蟹生态养殖系列标准汇编》,2008年9月,第26—32页。

表3-5说明,池塘生态养殖的技术操作规程非常详细,在进排水系统、池塘结构、苗种放养、水产品配养比例、水质和饵料管理、病害防治等方面都有具体的量化说明。这些精确到位的量化标准和操作指南解决了养殖户如何实施生态养殖的问题。对养殖户而言,他们需要的是具体的怎么做,而不是理论体系,而技术标准化恰好满足了这一点。所以,技术标准化具有很强的"需求导向"性。

2. 标准化的社会功能

经过标准化处理的技术具有简单化、可操作化、便于应用的特征。在县水产局调查期间,笔者发现这些地方标准也被称为"明白纸"。所谓"明白纸",顾名思义,就是写在纸上的这些技术标准很容易掌握,养殖户一看就能明白。标准化后,生态技术事实上经过了处理,具有了"中间技术"(intermediate technology)的特征,对于养殖户而言已经是"适用技术"(appropriate technology)了。

"中间技术"是英国发展经济学家舒马赫首先提出来的,他在1973年出版的《小的是美好的——一本把人当回事的经济学》(Small is Beautiful: Economics as if People Mattered)中这样界定"中间技术":如果把典型发展中国家的本土技术称作——就符号意义而言——1英镑的技术,而把一个发达国家的叫作1000英镑技术,那么,中间技术就是介于二者之间的100英镑技术(Schumacher,1973:179 - 180)。他呼吁采取"全国性的以及超越国家层次的这种必要的行动方案,以发展适合在发展中国家推动充分就业的中间技术"(Schumacher,1973:190)。中间技术产生了广泛的社会影响。Varma(2002)认为,技术的小规模采用对人类和环境都产生了益处。与"中间技术"相似的还有一个术语,即"适用技术"。这一术语在20世纪七八十年代流行起来。适用技术不是落后技术,而是能使技术运用得以拓宽的一条道路(Ahmad,1989;Evenson,1981)。作为一种理论,适用技术的理念还被运用到非洲等发展中国家的发展实践中(Segal,1992;Diamant,1984)。日本学者森谷正规(1984:前言 i)指出,各种产业领域的技术都各自具有其本来的性格,要观察这种技术性格是否与各国的"技术风土"相适应。"技术风土"包括国民性、社会习惯、社会素质、企业行动等因素。中国社会学者陈阿江提出的"技术傻化"概念,在本质上与前述概念或思想是相通的。他认为,技术傻化就是指该项技术的载体易于为人们操作,即操作的简易化。在文化科技水平较低的农民群体中,提高技术的操作简易程度有助于技术的推广使用(陈阿江,2000:184—199;2003a)。这三个概念所共同强调的是技术的可操作性,是以技术使用者为出发点的。就此而言,经过标准化处理的生态技术,可以叫作"中间技术"或"适用技术",也已经具有傻化的特征,并提高了"自上而下"进行技术推广的有效性。

首先,标准化解决了高深的理论知识与技术采用者文化水平不匹配的问题。在专家的技术推广中，理论偏多现象很普遍。秦红增（2005：101—102）在研究科技下乡中发现："年年喊大学教授来讲课，一讲就是几个钟头，理论太多了，课讲完就走人，到底怎么搞还是不清楚。"基层技术采用者需要的是田间地头的实际操作技术，专业理论在农村是行不通的，"到乡村，科技人员、农业专家教授不是来做学术交流，讲些理论、指点一下就完了，而应该下到田间地头，问问农民们需要哪些技术指导"（秦红增，2005：104）。在生态技术推广中，通过标准化的"中间技术"，一般能精确到具体月乃至日期需要注意的生产事项，遇到问题也有具体应对措施。技术的操作性得以大大增强，能更容易地被运用于实践中。

其次，技术标准化解决了应用过程中的技术配套不完善问题。我国很多农业技术内部比较分散，缺少一定的系统性，常常因为技术系统的不配套、不完整而使农民望而却步，限制了技术的推广与采用。比如，农村地区一度为推广"配方施肥"新技术，纷纷建起了"庄稼医院"，对不同土质进行测验，然后开出施肥药方，这样既可增产又可节约药费。但是在农民按方购药时，由于化肥不配套，不是缺氮就是少磷，这样久而久之，许多地方的"庄稼医院"便日渐萧条、门可罗雀了（陈凡，1995：30）。而生态养殖技术的标准化是一个系统。如前所述，在各种不同水域类型（池塘、河沟、湖泊）的生态养殖中，从蟹种选购与培育、水草种植、水质调节、病害防治到捕捞等，每一个技术环节都被标准化了。这样，生态养殖的任何一个环节，养殖户都有一套相对固定的技术规范可以遵循。

（三）生态技术扩散的本土化

1. "土专家"的养蟹经

专家组、技术指导员和科技示范户之间是技术推广者与被推广者的关系，而科技示范户和普通养殖户之间则是技术扩散关系。在"自上而下"的技术推广中，科技示范户不但系统地学习了新技术，他们中的很多人还结合自己的养殖实践，对之进行消化和再处理，创造了很多本土的技术规范。他们在当地被形象地称作"土专家"。"土专家"对外来技术的转化和处理，促进了技术在社区内的扩散与传播。

首先，用传统社会和农业生产习惯中的市制单位转换了公制单位，用当地农民的语言转化了专业术语。新中国成立后，虽然国家要求统一运用国际标准单位，但是，农民在生产中使用的仍然是传统的市制单位。比如，到农村调查就会发现，农民口中的丈量单位仍然是亩，并不使用公顷等现代标准单位。而技术专家在做科学研究、发表论文以及申请发明专利时，要求使用的都是公制单位。在技术推广中，这往往是他们所忽略的问题。这也是技术社会适应性不足的重要原因。人类学家在研究科技下乡时发现了同样的情况，"现在的种子、农药、除草剂、营养激素等农用产品虽都附有说明书，但用语太专业化、不通俗，典型的像公升、毫升等量度，就不符合农民用斤、两论多少的习惯，这样农民们就换算不过来"（秦红增，2005：104）。在推广生态技术过程中，水产专家和学者常常会使用国际公制单位，也有不少专家注意到了"入乡随俗"，在技术推广中将公顷换算成亩，以使推广对象更方便理解。不过这些对于科技示范户而言，并没有大的问题。因为他们的受教育水平相比其他养殖户要高一些，经常和技术专家打交道，也经常阅读农业杂志。当他们向左邻右舍传播技术的时候，使用的都是传统的市制单位，也会提前将技术说明书等资料中的公制单位转换过来。当然，这和生产实践是紧密相连的，因为他们直接从事生产，生产中习惯使用的都还是传统市制单位，而不是公制单位。

其次，用押韵的、朗朗上口的歌谣和顺口溜等形式转换了复杂的技术原理。比如，生态养殖技术方面有一段顺口溜："池塘消毒少不了，苗种本地要放早；种草放螺真正好，生物调水病菌少；早晚巡视要勤劳，科学饲养效益高；品种搭配要合理，水质监控最重要。"这段顺口溜表述形象，通俗易懂，容易记忆也容易操作。再如，关于如何实施生态养殖，一些"土专家"也创造了相应的顺口溜："先清塘、再曝晒，石灰消毒不能少；种水草、引螺蛳，生态环境要建好；鱼虾蟹、苗种优，适时放养很重要；巧搭配、稀放养，科学管理第一条；勤巡查、防逃跑，巧投喂，降成本；病害少、品质好，销售畅，身价高。"经过这种转化，生态养殖技术更具实用价值，能更方便快捷地转化为现实生产力。不难看出，"土专家"的养蟹经既是对传统经验的总结，也是对生态养殖技术的改造。通过农民语言和逻辑的转换，技术规范具有了通俗易懂的形式。那些高深的、枯燥的专业术语少了，取而代之的是大众化的、口语化的顺口溜，或者是简单明了的图形。也就是说，经过这种技术转换，高深的技术知识"祛魅"（disenchantment）了，通俗化了。

2. 技术本土化的社会意义

"土专家"的养蟹经实际上是对外源生态技术进行的本土化处理。经过这种本土化处理，新技术和复杂的技术能更方便地为普通养殖户所理解和应用。

"本土化"（localization）是和"全球化"（globalization）相对应的一个概念。全球化强调的是全球商品、消费、文化乃至人们价值观的一致性，即"同质性"或"趋同性"；而"本土化"则着眼于一定的国情与区域，重在使某种（外在的）东西具有一定的区域和时间特征，特别是本国、本民族以及本地区的特色与特征，强调的是"异质性"。"本土化"有助于加快产品和技术的推广进度。在很大程度上，肯德基快餐店在中国市场获得成功的最大策略就是本土化。肯德基重视对市场的研发，迎合中国消费者的口味和饮食习惯，入乡随俗，对异国风味进行了中国式改良。比如，对新奥尔良烤翅进行口味上的中式改造，并设计了老北京鸡肉卷、油条等具有纯中国本土风味的独创产品，打造了本土化的快餐产品，从而赢得市场先机。每个区域和民族的口味都有一定的特殊性，如果没有本土化战略，即使口味再好，其西式的口味也难以打开中国这扇大门。

农业技术推广也是同样的道理。如果不进行适当的本土化，外源的先进技术难以得到充分的社会化。所谓农业技术本土化，就是通过一定的方式，让技术具有该地域的特色、风格或特征，更适合当地农业从业者的习惯，比如语言、风俗习惯等，从而得到更好的推广与应用。正如人类学家的观点：农业技术推广中必须尊重地方性知识，尊重当地人的思维和用语习惯（秦红增，2005：104）。在生态技术扩散中，通过"土专家"的技术转换，技术的用语规范和使用逻辑更吻合当地社区的使用习惯，也更易于普通养殖户理解和掌握。简而言之，随着本土化程度的提高，生态技术的社会适应性程度也得到了很大提高。

（四）技术适应性的社会机制

1. 农业技术"水土不服"问题

生态养殖技术从属于农业技术范畴，前文分析了它是如何被文化水平不高的养殖户采用的这一问题，这里对农业技术推广的"水土不服"及其社会根源进行阐释，以期从中找出一般性的规律。据统计，我国农业技术成果转化率只有48%，而美国农业科技贡献率和科研成果转化率分别达到81%和85%（张少兵、王雅鹏，2007）。我国农业技术成果转化率之低，由此可见一斑。这种先进农业技术难以为农业生产者所掌握和运用的现象，被称作农业技术"水土不服"问题。

我国许多科技成果的创新目标是国内领先、国际先进水平，这个目标并无可挑剔，但水平本身不是目的，关键是如何转换成现实生产力（陈凡，1995：25）。事实上，农业技术成果转化率低与这个目标有很大关系。因为考核机制的问题，科研单位的专家和学者往往不得不醉心于科研成果的发表和发明专利的申报，而技术应用效果的鉴定往往流于形式。特别是，为了达到所谓的国内领先、国际先进等标准，技术成果在表现形式方面往往倾向于复杂化、高深化。本来这些科技成果是能够促进农民增收和农业增效的，但因为农业从业者无法理解其技术规范、无法掌握其生产原理而被置于空中楼阁，"水土不服"问题由此而生。农业技术"水土不服"需要从农业从业者的社会文化特征中去寻找答案。

2. 农业从业者的社会文化特征

我们可以通过划分职业类型、户籍制度等方式将农民区分出来。但是，这并不意味着我们对农民已经有了正确的认知和深刻的理解。相反，现在通常意义上的农民与这一概念的本义是有区别的。要正确认知中国农民，就需要正确认知自1978年以来的社会转型。改革开放以来特别是自20世纪80年代的"民工潮"以来，大量农民尤其是那些拥有较高知识、掌握一定技能的农民纷纷流向了城市和发达地区。因此，今天的农民和昔日的农民早就不是一个概念了。本研究中的农民一律指在农村从事农业生产的农民，即农业从业者。

当前，农业从业者的社会文化特征表现在三个方面，可简称为"三化"。一是"老龄化"。目前，我国面临"银发浪潮"的严峻挑战，农村老龄化问题尤其突出。截至2012年底，全国60岁以上的老年人口是1.939亿，占总人口的14.32%，其中农村老年人口有1.12亿，占农村总人口的17%。全国半数以上老年人口在农村，高于城市老龄化程度（王珂、银燕，2013）。老大爷、老大娘种田现象十分明显。二是"妇女化"①。全国农村女性劳动力几乎占实际从事农业劳动力总数的一半，历史上的"男耕女织"已经演变成了今天的"女耕男出"。而且，留守妇女的文化水平也普遍低于流出妇女的文化水平，她们更难以操作现代农业生产技术。三是"低文化"。全国文盲和半文盲中的92%分布在农村。全国4.97亿农村劳动力中，小学及以下文化程度的占40%，高中以上文化程度的只占12%（王学江、王世焕，2006），而且大部分转移到了城市和发达地区。在农村地区，"老龄化"、"妇女化"和"低文化"问题由来已久，现在则更为严峻，已经成为当前农业从业者的基本社会文化特征。其中，"老龄化"是从年龄层面而言，"妇女化"是从性别层面而言，"低文化"是从教育层面而言，"低文化"是农业从业者社会文化特征的核心。

如果仅仅依赖"自上而下"的视角，忽视对底层社会和底层民众的洞察，就会导致那些旨在改善人类状况的项目的失败（Scott, 1998）。在农业技术推广中，如果忽视了农业从业者的社会文化特征，技术推广效

---

① 妇女化在内陆区域表现得非常明显。在海洋捕捞方面，因为工作强度等原因，从业者主要还是男性。

果必然不尽如人意。因为,技术不会自动地传播开来(Rogers,2002),也不是所有的人都会同时采用一项新技术发明(Rogers,1962:148)。罗吉斯和他的研究团队将农业技术的受者(农业技术使用者)划分为先进受者、先进多数、落后多数和落后者四种类型(Rogers & Burdge,1988:308-310),这就意味着,不同类型的技术使用者对技术的采用时间与程度要受到他们自身文化水平的限制(见图3-3)。

图3-3 农业发明从农业科学家到革新者及落后者的传播

资料来源:Rogers & Burdge(1972:359);中文版参见罗吉斯、伯德格(1988:259)。

3. 克服"水土不服"的社会机制

在农业技术推广方面,社会学的研究可以发现顾客的真实需求,从而使技术能够有的放矢地发挥作用。这种研究还可以通过变迁机构在计划的实施中起到反馈作用,从而修改计划,使之更富成效,更加合适(Rogers & Burdge,1988:24)。农业技术社会适应性研究,是从社会和技术受众的角度而不是从推广者的角度来看待技术推广问题,这是一种

"自下而上"而不是"自上而下"的研究路径。

农业技术的社会适应性可以这样回答：什么样的农业技术适合农业从业者？如果将复杂的技术原理简单化，使之易于理解和操作，那么不需要太多的推广工作，他们也能较为容易地掌握，推广效果便事半功倍，否则，必然事倍功半。当前，我国农业技术推广效果不甚理想，其深层社会文化原因在于，对农业从业者缺乏正确的认知，特别是没有把握他们的社会文化特征。因此，这样的农业技术推广难以达到预期目标。不同的技术使用者的文化素质决定了必须采用不同的技术推广路径。本研究中的生态技术推广之所以取得成效，根源于对技术受众的社会文化特征的准确把握，继而不断提高技术的标准化和本土化程度，将复杂的农业技术简化，化繁为简，化难为易，从而促进生态技术得到更好的推广与运用。

农业技术推广中的正反案例说明：社会适应性程度是衡量农业技术推广效果的根本标准。大公圩在生态技术推广实践中，"自上而下"的技术标准化和民间社会的技术本土化为破解我国农业技术推广困境提供了实践层面的启示：长期来看，提高农业从业者的科学文化素质，是解决问题的根本措施；但在当前的社会阶段，只有准确把握了农业从业者的社会文化特征，按照他们的语言和逻辑适当处理那些技术含量高、理论抽象程度高的复杂技术，才可能进行有效推广。简言之，技术需要与文化体系、社会结构等社会子系统相协调，因为农村社会需要的是适用技术。

第四章 组织体系

没有一定的组织机构及其组织化力量，生态产业是不可能发展起来的。2002年之前，大公圩地区的河蟹生产是单打独斗式的家庭作坊，销售半径主要在当地即初级市场，市场认可度很低。而后，市场半径不断延长，河蟹产业不断发展壮大，这与相关组织的努力是密不可分的。在生态产业产前—产中—产后一系列的生产环节中，这些组织都发挥着至关重要的作用。本章旨在阐明这些组织及其在河蟹产业转型与发展中的社会功能。

实践证明，组织化是现代农业发展的基本方向。不同的组织所发挥的功能不同。在河蟹生态产业发展中，主要有三类组织：一是亲缘/血缘组织，这是民间最基础的组织形态；二是因河蟹产业发展而兴起的蟹农自组织，主要包括各类河蟹企业/协会组织；三是在产业发展中发挥规划和引导作用的政府组织。和政府组织相对应，亲缘/血缘组织和蟹农自组织是非政府组织，即民间草根组织。

一 民间组织

现代农业的发展已经超出了传统社会个体经营者的能力，因此，需要相应的组织化。河蟹产业发展中常见的民间社会组织有两类：一是亲缘/血缘关系共同体，通过将亲缘/血缘关系网络内的资金、技术、劳动力资源进行整合，共同承包大水面；二是社会关系共同体，蟹农基于产业发展需要而结成或者加入生态养殖企业/公司以及合作社等社会组织中。在本质上，民间组织是以赢利为目标的经济共同体，力图实现组织成员间的互利共赢，其产生具有历史必然性。

(一) 亲缘/血缘组织

1. "利益共享、风险共担"机制

在生态养殖规模化之前，河蟹养殖基本上是单门独户的经营，所有的生产环节基本上都在一个封闭的家庭单元内完成。2002年之后，合伙制、股份制等具有一定规模经营特征的生产方式开始出现，并逐渐成为主要的经营形态。

在合伙制、股份制中，合伙人或入股股东一般有3—5人，涉及3—5户家庭。合伙人、股东之间主要是亲缘和血缘关系，比如父子关系、兄弟关系、连襟关系，此外还有一些是邻里关系和朋友关系。以生态养殖精英于先生为例，股东基本稳定在三个人，除了他本人，另外两位分别是其朋友和姐夫的哥哥，他们已经合伙经营生态养殖10多年了。血缘和亲缘关系的入股合作，是现代生产对家庭关系的再利用和再组织。产生这种社会现象的基本原因有二：①水面的有限性决定了不可能每个家庭都能承包到水面，而入股则解决了水面供给问题，有利于社区成员"利益共享"。②生态养殖成本投入—效益产出模式的必然要求。一方面，相比传统养殖，生态养殖需要较大的资金投入，而且一般都是规模经营即大水面经营，养殖水面面积在50亩至150亩之间，成本投入高（见表4-1），而且需要劳动力资源的整合。另一方面，一旦市场价格波动或者遭遇严重自然灾害，个体经营就会面临严重风险，而通过共同经营则可"风险共担"，使个体承受的风险最小化。同时，通过共同经营，信息渠道会更多，有利于河蟹上市后的尽快销售。

表 4-1 单位面积生态养殖水面成本—效益分析

	类别		标准	单价	小计（元）
成本	幼蟹（蟹种）		500 只/亩	0.4 元/只	200
	水草		1500 千克/亩	0.3 元/千克	450
	螺蛳		300 千克/亩	1.2 元/千克	360
	配养品种	鳜鱼苗	10—20 尾/亩	1.2 元/尾	12—24
		黄白鲢	5 尾/亩，1 千克/尾	8 元/千克	40
		青虾	—	—	0
	饲料（冻鱼）		—	—	1000—1500
	工资		3 人	3300 元/月	140
	承包费			600 元/亩	600
	电费		—	—	80—100
	其他（网具、蟹棚等）				
总成本			—		2882—3414
收入	成蟹		50—75 千克/亩	80 元/千克	4000—6000
	商品虾		—	—	300—500
	鳜鱼		5 千克/亩	40 元/千克	200
	黄白鲢		20 千克/亩	10 元/千克	200
	其他（野生鱼、黑鱼等）		—		150—200
总收入（元）			—	—	4850—7100
纯收入（元）			—	—	1536—4318

注：基础数据来源于对生态养殖精英的访谈资料，其中，水面承包费是受访期间其承包水面的竞标价。需要说明的是，这里的数据是为了有关比较的需要而计算出来的相对价格，并不是平均值，更不是绝对值。原因有四：①这里的成本投入是在水质特别差的情况下的计算模式。②有关数据在不同的季节和市场背景下变化较大。比如，这里的鳜鱼单价 40 元/千克是正常捕捞季节的价格，而笔者 2009 年 9 月上旬前去调查时，因为鳜鱼尚未上市，供不应求，市场价是 80 元/千克，是捕捞季节的 2 倍。③不同的水草，价格也不相同，同种水草在不同的季节和市场行情背景下，价格亦不相同。④有些成本投入后常年使用，难以量化为一年内的单位面积成本。折算下来，每亩水面的成本基本在 3000 元左右。

这里，我们结合表 4-1，以生态养殖精英于先生的 284 亩养殖水面的成本—效益为例，分析生态养殖中的投入和产出。①幼蟹。按照生态养殖的要求，每亩投放 500 只苗种，每只苗种 0.4 元，则每亩水面需要投入 200 元。②水草。每亩水面投入水草 1500 千克（水质特别差的情况下的投入模式），每千克0.3元，共计450元。③螺蛳。每亩水面投入螺蛳300千克（水质特别差的情况下的投入模式），每千克1.2元，共计360元。④配养品种。一般包括鳜鱼苗、黄白鲢和青虾等，其中，一亩水面需要投入的鳜鱼苗种为12—24元，黄白鲢苗种要40元，青虾苗种来源于当地的自然水体，不需要购买。⑤饲料。主要是冻鱼，需要1000—1500元。⑥工资。雇佣3人，每人每月1100元，则每年需要39600元，每亩水面约为140元。⑦电费。每亩水面需要80—100元。⑧其他。包括网具（地笼）、船、蟹棚（新建蟹棚价大约2万元）等，可以常年使用，难以计算单位面积价格，所以此处忽略不计。如此计算，每亩水面投入为2882—3414元，即3000元左右，284亩养殖水面的总投入需要85.2万元。毫无疑问，一般的家庭难以支付如此高的成本。即使按照50—150亩养殖水面计算，也需要15万—45万元，很明显，这仍然是一笔很大的开支。因此，"利益共享、风险共担"的经营方式成为必然选择。

2. 类公司制

这种基于亲缘和血缘关系网络而结成的"利益共享、风险共担"机制不仅仅是对传统组织的再利用，在生产经营环节中也表现出越来越明显的现代企业制或者公司制特征，可称之为"类公司制"或者"准公司制"。

（1）虽然只是几个家庭的组合，没有公司/企业的会计部门，但生产过程中依然有相当规范的预算和决算环节。这种相对严谨的核算是为了避免因核算不清而产生冲突，也是为了更好地开展合作，正所谓"亲兄弟、明算账"。首先，每年年初进行成本预算，然后各家按照入股比例分别拿出资金投入生产中。其次，年终进行成本—效益核算，按照利润和各自的股份分红。以生态养殖精英于先生为例，他在股份投入中占50%，另外两名股东均占25%。年终分红时，于先生在纯利润中获得50%，另外两名股东分别获25%。

（2）虽然没有董事会那样的章程和正式会议，但生产过程中也有相对明确的协商机制。一方面,所有股东是自由组合的,组合之前一般都有相对明确的方向,所以一般情况下不会出现严重的意见分歧。另一方面,他们会不定期地通过碰头会等形式(吃饭时也可以协商),协商如何解决生产过程中遇到的新问题。遇到重大事件,比如,关于新技术的选择、产品的外销以及如何应对市场与自然风险,都需要所有经营者在一起开会讨论和协商。如果实在难以达成共识,则按照"少数服从多数"的原则决定选择方案(2010年9月5日,生态养殖精英访谈资料)。由此可见,尽管是基于亲缘/血缘关系的民间组织,但因为组织内部具有明确的经济利益关系,为了实现"利益共享、风险共担",组织内部形成比较规范的现代公司制或者企业制特征也就是必然的了。

(二)企业/协会组织

1. "公司+农户"的组织模式

"公司+农户"是一种组织模式,一般被称作订单农业。在这种组织模式中,"公司"只是一个称谓载体,具体的名称不一,如渔业公司/企业、河蟹生态养殖专业合作社、水产协会等。

在"公司+农户"这种组织运营模式中,双方根据所签订的契约合作,实现利益共享。这里,以乌溪镇一家幼蟹培育专业合作社为例进行说明。2011年,该合作社被评为省级农民专业合作社示范社。根据"公司+农户"的生产模式,合作社和蟹农签订协议[①],主要内容是"四个统一"。①统一蟹苗供应。合作社与江苏沿海河蟹繁殖育苗厂合作,并签订协议。在大眼幼体[②]培育时期,合作社派专人前往监督,确保选购优质大眼幼体供给本社成员。②统一技术培训。在幼蟹培育的产前—产中—产后环节,合作社向养殖户提供系统的技术服务。同时,合作社还采取"请进来、走出去"的方式,既邀请水产专家前来举办技术培训

[①] 2010年9月,笔者调查时发现:协议在很大程度上只是一种形式,约束力并不是很强;同时,也有不少合作社不与农户签订协议。

[②] 当地养殖户常说的"蟹苗"与水产专业术语中的"蟹苗"不同。由于大眼幼体(水产专业术语中所谓的"蟹苗")不能直接用于养殖,直接投入养殖水域的是幼蟹(俗称"扣蟹"),所以,当地很多养殖户将幼蟹称为"蟹苗",而将大眼幼体称为"蟹苗的蟹苗"。

班,也安排水产技术员到外地学习先进经验和技术。③统一生产。养殖户按照合作社要求进行标准化生产,在生产过程中严格执行安徽省地方标准《仔幼蟹培育操作规程》(DB34/T219—2001),严格控制国家禁用药物的使用。在幼蟹培育的最后阶段,合作社会对产品质量进行验收。④统一销售。合作社与客户签订销售合同,以"大户带小户、大户对客户负责"的方式对外销售。这种销售格局改变了过去市场渠道单一,经济效益不甚理想的状况。目前,幼蟹除了能有效供应本地区外,还销售到江浙一带以及山东、湖北、江西等省(2007年8月,乌溪镇调查资料)。"公司+农户"的组织模式不仅维护了蟹农的利益,也带动了村集体经济的发展。比如,以蟹苗培育为特色的七村,成立了村蟹苗养殖公司和渔业养殖公司,村集体年收入超过120万元。目前,全村从事蟹苗培育产业的农户已经发展到600户,占全村总农户的82%,蟹苗培育面积增加到2000亩,占全村总耕地面积的86%,辐射带动周边蟹苗培育面积5000亩(当涂县地方志编纂委员会,2012:494)。

在"公司+农户"这种合作模式中,公司是"产出端"(农户)与"销售端"(市场)的中间载体,解决了小农户与大市场之间的嫁接问题。这种合作模式的追求目标是"农商共赢",当然,赢利的大头还是公司,但相比之前的散户经营模式,农户的利益在很大程度上得到了保证和提高,同时也能得到完善的技术服务。此外,"公司+农户"的合作模式也解决了一部分的就业问题。调查发现,在鱼用植物饲料的订单种植以及相应的服务产业,公司在一定程度上发挥了安置失地农民、带动周边农户致富的功能。

当然,这种合作模式也有不稳定性。由于公司和农户属于不同的利益主体,双方都有自己的经济目标,都要实现各自利益的最大化。如果公司与农户没有长久的合作机制或者农户无权参与公司决策,企业与农户在组织的共同体内部的地位不对称,一旦市场出现波动,市场价格与契约价格存在差异时,二者间的契约关系会变得很不稳定,公司和农户都有可能发生机会主义行为(朱启臻,2009:223)。比如,当河蟹的市场价格明显高于契约中的保护价时,为了自己的经济利益,农户可能会背着公司销售产品；而当市场价格明显低于契约中的保护价时，公司也会实施变通策略，压低收购价格。所以，在这种组织模式中，体现的主要是"利益共享"关系，"风险共担"关系并不稳定。

2. 生态技术的研发与推广

河蟹公司/企业/协会组织既有自己的养殖水面，也有"公司＋农户"模式中的农户养殖水面（他们称这些水面为公司的养殖基地）。为最大限度地应用并发挥技术的功能，公司不但推广最新技术，还组建课题组进行技术研发。

在生态技术研发方面，河蟹企业/协会组织一般是以公司为载体设立生态养殖技术课题组，这里以石桥镇一家渔业发展公司为例进行说明。该公司课题研究组包括行政小组和技术小组，一共10人。公司总经理任行政组长，负责科研基金的筹集、相关技术人员的聘请与引进工作；市水产技术推广中心站站长被聘任为课题组技术组组长，技术成员主要来自大公圩乡镇农业服务中心和技术推广站。课题组重点从事该公司的养殖水体类型研究，即大水面的生态养殖模式和技术支撑体系研究。2005年，课题组承担了"河沟生物修复与生态养殖技术研究与开发"项目，在项目研究中，他们将生态学原理运用于生态养殖，历经两年，探索出宽浅型主养蟹和窄深型主养鱼这两种生态养殖技术模式。该项目首次尝试将细鳞斜颌鲴、甲鱼、鳜鱼组合来进行河沟养殖，研究成果被认为是填补了河沟生物修复与渔业生产中的空白（2009年8月9日，Y渔业公司访谈资料）。该项目在当涂县产生了较好的社会效应，当地县志对此也有专门的说明：该项目较为系统地研究沿江圩区河沟养殖，采用种草、移螺、稀放、混养养殖模式，建立环境友好、资源节约型的生态环境，探索河沟生物修复和保持技术（当涂县地方志编纂委员会，2012：718）。此外，课题组还为该公司设计了河蟹礼品系列包装，并获得两项专利。调查发现，其他河蟹生态养殖公司的技术研发模式与之类似。比如，位于大陇乡的S养殖公司，依托上海海洋大学和马鞍山市水产技术推广中心站研发河蟹围栏生态养殖技术，并建设有万亩绿色大闸蟹出口包装生产线。

在生态技术推广方面，河蟹企业/公司通过承担技术推广项目或者邀请技术专家前来普及技术，辐射了区域内的养殖户。在此，公司在很大程度上成为公益性技术推广的载体。首先，他们积极承接政府部门的技术推广项目。比如，在河蟹公司2009年承担的科技部农业科技成果转化项目"河蟹养殖质量安全控制技术集成与示范"活动中，大公圩地区150多名养殖户比较系统地学习了"河蟹病害防治"和"水产品质量安全控制"等方面的技术要点。其次，他们聘请了大批国内外水产专家前来推广最新的养殖技术。国外的水产专家主要来自丹麦、德国、泰国。其中，丹麦水产专家侧重生物修复工程方面的技术培训，德国水产专家侧重安全、科学用药方面的技术培训。可见，企业/公司能比较及时地将国内外最新的生态技术研究成果引进来，并应用于生产实践。

3. 组织化的原理

生态养殖中的组织化趋势和中国农业生产的组织化特征变迁是紧密联系在一起的，反映了农业生产实践的需求。正如罗吉斯等人的观点：当农业还是自给自足的家庭生产的时候，农民的组织化是没有必要的，农民就是他自己的老板。但在现代社会，农民所遇到的问题不再是独立的力量所能解决的，农民已意识到农民组织是他们保护自身利益所必需的（Rogers & Burdge, 1988: 235-236）。不过，现阶段的组织化和人民公社时期的农业集体化有着本质的区别。

在大公圩地区，河蟹人工放养肇始于1973年，除了不具有传统农业的"原子化"特征外[①]，二者后续的变迁轨迹是一致的。也就是说，河

---

① 中国传统农业是自给自足的小农经济，这种原子化的农业生产模式在20世纪50年代末期到80年代初期被终止：1958年到1983年的人民公社制度下实行的是集体化的生产模式。但实践证明，这种"大集体"的生产制度导致劳动者生产积极性和生产率严重下降。之后推行的家庭联产承包责任制，使农民的生产积极性得到很大提高。该制度具有鲜明的"去集体化"特征，农业生产事实上再次进入个体小农时代。20世纪90年代之后，在市场经济的背景下，原子化的个体生产遭遇的难题和风险越来越大。于是，各种市场中介组织纷纷从幕后走向前台，农民在生产中逐渐走向组织化的经营模式。所以，纵观中国农业的发展史，农业生产呈现"原子化→集体化→去集体化（原子化）→组织化"的变迁轨迹。

蟹养殖产业经历了"集体化→去集体化（原子化）→组织化"的变迁轨迹。①1974年到1983年之间的河蟹生产模式是集体化体制，河蟹养殖所得一律上交公社，再由公社进行分配。由于蟹农并没有实际的所有权，他们养殖河蟹的积极性并不高。②随着家庭联产承包责任制以及"谁养谁购苗、谁养谁得益"政策的实施，河蟹养殖实现了"去集体化"，蟹农积极性大幅提高。③随着市场需求结构的变化和市场经济的到来，各种水产协会和生态养殖合作社纷纷应运而生。由此，河蟹产业进入组织化（也可称之为合作化）阶段[1]。河蟹企业/协会组织的出现是一项重要的"自下而上"的组织制度创新，是河蟹产业化和市场化的必然选择，也是农民理性选择的结果。

首先，组织化是连接"小生产"与"大市场"的必然要求。一方面，现代市场的不确定性和风险日益增加，家庭作坊的"小生产"难以应对瞬息万变的"大市场"。由于原子化的散户难以获取及时准确的市场信息，传统的家庭作业制度已经难以适应复杂多变的市场需求，而组织化却能在分析市场信息以及规避市场风险中发挥重要作用。另一方面，原子化生产在市场中处于极其不利的地位。在产品销售主要靠蟹农自己闯市场的"单兵作战"时期，大公圩地区河蟹市场认可度很低，竞争力弱，河蟹捕捞上来后纷纷被贴上其他地区的知名商标进行销售。此外，因为仅仅是初级产品的销售，比较效益很低。而如果实现了生产、加工和销售的一体化，则会较大幅度地增加市场份额以及收益。解决这一问题的基本出路就是组织创新，通过组建专业化的渔业公司/企业，延长河蟹生产行业的产业链。

---

[1] 需要说明的是，当前方兴未艾的"组织化"和已经为历史所抛弃的"集体化"之间有着本质的区别。人民公社时期的集体化，是新中国成立后基于政治上"大同社会"的理想蓝图，国家"自上而下"地建构起来的，充满理想色彩。在这种政治目标取向下，国家强制动员，农民并没有参与与否的决定权。尽管也是将分散的个体小农组织起来了，但由于社员并没有农业经营的实际自主权，也不具有农业生产的主体性地位，结果只能是一种低效率的集体经济。而组织化则是在市场经济条件下，农民基于市场和经济利益基础"自下而上"地组建起来的。组织化是以经济目标为取向的，国家没有强制干预，而是在政策上给予农业组织以支持。

其次，组织化是开发生态产品和打响河蟹品牌的实际需要。在传统社会，"酒香不怕巷子深"，而现代社会则"酒香也怕巷子深"。发展现代生态产业，没有媒体的宣传和品牌的推介，很难在市场上立足。大公圩河蟹在扩大市场半径过程中就遭遇了近在咫尺的"对手"——毗邻圩区的"固城湖"螃蟹和毗邻上海市场的"阳澄湖"大闸蟹。毫无疑问，个体蟹农无法拓展本地河蟹的发展空间，也无法实施河蟹品牌的知名化战略。实践证明，正是组织化而不是原子化力量实现了销售市场的开拓与河蟹品牌的打响。水产品市场放开后，集购、运、销一条龙的经营合作组织应运而生，并在20多个城市设立销售窗口40多个（当涂县地方志编纂委员会，2012：365）。县水产协会发挥了非常关键的作用。水产协会是全县最大的水产龙头企业和最大的河蟹企业组织，下设5个基层分会，其中4个分布在大公圩地区，分别是塘南生态养殖分会、马桥水产营销分会、大陇养殖分会、乌溪河蟹苗种养殖分会。水产协会在全国大中城市推介河蟹品牌，打通市场销售渠道。以马桥水产营销分会为例，该协会已在京、沪、宁等大中城市建有100多个水产品营销窗口。同时，水产协会还设有驻沪办事处，专门负责拓展水产销售市场以及宾馆、酒楼等河蟹消费市场。2009年，会员销售额达到5.3亿元，利税5200多万元（2010年9月7日，县水产局调查资料）。此外，大公圩地区河蟹的商标注册，无公害、绿色和有机河蟹的资格认证，以及河蟹的出口创汇，都是渔业公司和水产协会等组织化力量努力的结果。

最后，组织化也是维护市场秩序的关键力量。20世纪90年代，大公圩地区的河蟹相当一部分是由当地小贩收购和销售。小商贩的行为很多都是短期的，在收购河蟹时常常对蟹农压价，而在市场销售端又存在以次充好、短斤缺两的现象。这样，在市场上特别是外地市场上就会导致信誉缺失，最终损害的是整个河蟹产业的利益。而水产协会/渔业公司等组织成立后，更注重品牌效益和长远发展，有效遏制了投机倒把等缺乏诚信的行为。这不但规范了市场秩序，保护了蟹农的经济利益，更重要的是树立了大公圩地区的河蟹信誉和品牌，有助于河蟹产业的长期可持续发展（2010年9月，县水产局调查资料）。

二 政府组织

在"大政府、小社会"的格局中，政府组织在经济社会发展中必然占有十分重要的地位。在很大程度上，可以说，如果没有政府组织强有力的扶持，就不会有今天的河蟹产业。就宏观社会背景而言，中央政府关于经济体制改革和产业发展的战略决策是河蟹产业发展起来的制度基础，而县乡两级政府则在产业发展中发挥了直接的促进和引导作用。一方面，当地建立了比较完善的水产管理和科学研究机构。1988年成立县水产技术推广站，1996年成立县水产科学研究所，同年8月，全县所有乡镇都成立了水产服务站（当涂县地方志编纂委员会，2012：367）。另一方面，当地通过实施产业规划机制、政绩考核机制和创新水面承包机制，推动了河蟹生态产业快速发展，而这也展现了"目标管理责任制"的运行逻辑。

（一）产业规划机制

1. 制度框架

河蟹生态产业的发展并不是孤立的社会现象，而是特定社会背景和社会结构的产物。正如赖特·米尔斯（2005：142—153）在《社会学的想像力》中所告诫我们的：社会学研究不能沉迷于小的情境研究，而要关注将各种情境组织起来的社会结构以及宏大的历史背景与历史结构；在选择小规模的环境作为研究范围时，要注意其所处的大的社会结构，特别是社会结构中最有包容性的研究单位——民族国家。这一论断不但具有一般性的方法论意义，而且对于指导中国社会的研究意义尤大。

中国的社会格局决定了中央政府不但在国家政治生活中具有明确的导向性，而且在经济生活中同样具有十分明确的导向性。从国家—社会关系的角度而言，中央政府组织在体制改革、经济发展的战略决策方面会直接影响地方产业的发展。

（1）河蟹产业发展的体制背景。河蟹能成为一项产业，得益于改革开放后中央政府关于发展水产经济的相关政策。否则，它难以快速地发展成为一项大众化的产业。20世纪80年代中期，中央政府出台了调整农村经济结构的政策，在水产经济方面，实行"以养殖为主"的发展方针。"1985年，党中央、国务院发布《关于放宽政策、加速发展水产业的指示》，水产品在农副产品收购中率先取消派购，放开价格，实行市场调节，渔业被激发出前所未有的活力。在'以养殖为主'发展方针的引领下，各地掀起了开发江滩、湖泊、河荡、稻田养殖、沿海滩涂，发展渔业生产的热潮，水产养殖突飞猛进。"（熊沈校、严颢，2009）正是中央政府的政策改革，引导了地方政府关于河蟹等水产养殖的政策方向。一年之后，当涂县在养蟹产业中实施了"谁养谁购苗、谁养谁得益"的政策改革，直接促进了河蟹产业的快速发展。一位当地老年养殖户对此有深刻感触：国家允许私人承包养殖水面、允许发家致富是我们养殖的基础条件，如果国家还是像以前那样搞"文化大革命"，或者割"资本主义的尾巴"[①]，反对发家致富，就不可能有今天的河蟹养殖产业（2009年8月16日，塘南镇蟹农访谈资料）。[②]

（2）生态产业的政策背景。在生态恶化的现实背景下，建设生态文明和发展生态产业，是国家必然要实施的战略选择。20世纪90年代后期特别是2000年以来，中央政府关于转变经济增长方式的政策，为生态养殖产业发展提供了政策环境和外部背景，以及相应的项目和资金投入。在中央政府的政策框架下，省市县三级政府也实施了相应的政策措施。比如，2008年，安徽省委、省政府在贯彻《中共中央关于推进农村改革发展若干重大问题的决定》的实施意见中，明确提出要

---

① 文献史料提供了可资比较的数据资料："因境内水域有变化，通江河段被污染，加之水产养殖受'左'的错误思想影响，水产品产量逐年减少……1980年的鱼、虾、蟹、贝产量仅51266担，比1950年减少一半多。"参见当涂县地名领导小组办公室（1983：3）。
② 这位老人对国家政策的分析很到位。他还谈到一个问题："如果政府严格保护农田，坚决限制开挖稻田养蟹，那也不可能有这么多的稻田养蟹。"

"推进水产跨越工程,扶持水产大县,提升水产品加工水平"。这一实施意见不仅提供了产业发展的政策机制,还提供了相应的项目和资金支持。

在中国的社会结构中,上级政府特别是中央政府的宏观决策,是地方产业发展的直接依据。改革开放后,中央政府关于经济体制改革特别是水产经济发展和农村经济结构调整的战略思想,为河蟹生态产业快速发展提供了政策、机制方面的保障。

2. 经济布局

经济布局是在特定空间范围内,对产业发展的战略性部署与区域规划。县政府在县域经济发展规划中划定了特定区域专门发展生态养殖产业。这不仅有助于形成合理的工农业经济布局,也给河蟹产业提供了充足的发展空间。

如图4-1所示,在产业布局中,全县形成了围绕交通要道的T形工业布局和围绕大公圩所形成的O形农业布局。所谓T形工业布局,即沿205国道形成的以经济开发区为龙头,纵贯南北的沿江工业经济带,以及沿314省道形成的以博望为龙头,以博望、丹阳、新市①、姑孰和太白等五镇工业集中区为主体,横贯东西的工业经济带。所谓O形生态农业布局就是在大公圩发展河蟹生态养殖、绿色食品加工、蔬菜种植以及传统的水稻产业。其中,塘南镇和大陇乡重点发展生态养殖,石桥镇重点发展生态养殖、出口加工以及休闲渔业,乌溪镇重点发展幼蟹培育和生态养殖,黄池镇重点发展生态养殖和绿色食品加工,护河镇重点发展果林种植以及农业观光旅游。这种经济布局促进了"一镇一品"甚至"一村一品"发展格局的形成(2008年8月21日,县政府办公室访谈资料)。

---

① 根据《国务院关于同意安徽省调整马鞍山市部分行政区划的批复》(国函[2012]103号文件),当涂县的博望镇、丹阳镇、新市镇划归马鞍山市,隶属马鞍山市新成立的博望区。

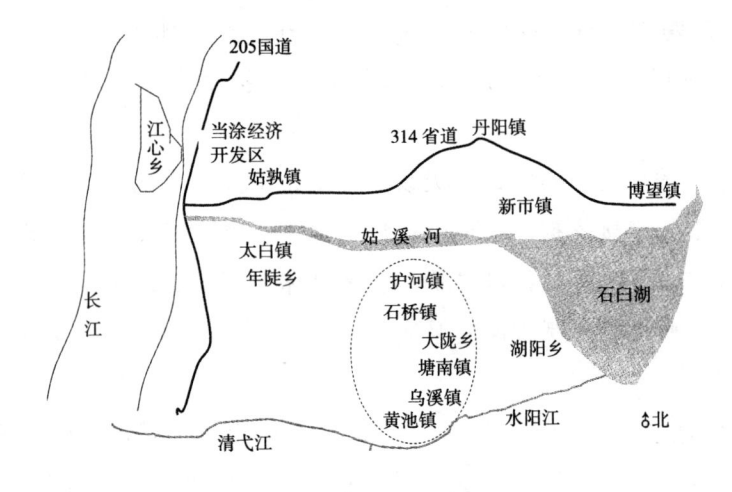

图 4-1　全县工农业经济布局

注：粗线"T"表示的是重点工业布局，虚线"O"表示的是生态农业布局。
资料来源：陈涛（2009）。

大公圩是传统的农业（渔业）区，工业基础十分薄弱。保持并提升本来的水产经济优势，是符合区域特色的发展之路。这种产业布局规划为因势利导地将河蟹养殖产业做大做强提供了制度空间。对于这一点，读者理解起来可能不够深刻，通过比较，才能深刻领会其价值之所在。比如，与之形成鲜明对照的是，苏南地区也是久负盛名的鱼米之乡，无论是水面面积，还是发展水产经济的基础和优势，都远远超过大公圩。但是，改革开放以来，苏南工业经济已经占据绝对强势地位，水产经济被边缘化，处于弱势地位。苏南的产业规划为工业经济发展提供了充分空间，水产、水稻等传统的优势产业却一再被压缩。2007年太湖蓝藻事件后，河蟹养殖、水稻种植等传统优势产业遭受新一轮的压缩（陈涛，2011）。从国家的视角来看，工农业经济的合理布局意义重大。在当前工业化遍地开花的背景下，如果全国都能因地制宜地规划产业布局，宜工则工，宜农则农，就可限制乃至遏制工业经济的畸形发展，预防环境问题的恶化，从源头上保护生态系统。

3. 政策引导

在生态养殖产业发展中，县政府确立了"突出河蟹产业特色、实施河蟹生态养殖、打响河蟹品牌"的政策思路。为此，县乡两级政府出台了有利于河蟹产业可持续发展的政策和措施，积极引导生态养殖产业的发展。

这些引导性政策措施主要包括四个方面的内容。①政府出台政策措施，推动生态养殖产业发展。不仅县政府发布了一系列政策文件，乡镇政府也积极出台了很多具体措施和办法。比如，塘南镇先后出台了《关于鼓励生态养殖的奖励措施》、《关于进一步加快水产业发展的工作意见》以及《生态养殖和评选蟹王、蟹后》等一系列文件。②为生态养殖提供财政转移支付。生态养殖刚刚兴起时，养殖水域污染严重，不少养殖户认为"种草、投螺"的成本高，生态养殖的热情低。为此，塘南等乡镇率先实施财政反哺，购买水生物资源免费发给养殖户，酿造生态养殖的社会氛围。此外，为了完善生态养殖的硬件条件，大公圩地区还通过政府财政转移支付，积极治理圩内水环境，建设并完善养殖区域的水电和道路等基础设施。③"镇出政策、村出资金"。镇政府出台文件，要求各行政村从收取的承包费中拿出一部分资金，返还给养殖户，用于生态养殖。当地将之称为"镇出政策、村出资金"。目前，承包费的返还比例一般是承包费的5%—10%。④物质奖励措施。物质奖励措施主要包括两个方面。首先，对养殖水域环境保护得好的养殖户给予物质奖励。政策规定：在承包期的最后一年，如果水体生态条件良好，养殖户能获得奖励基金。比如，在兴村，奖金是当年承包费的30%。其次，举办"蟹王"、"蟹后"评比大赛，对河蟹规格最高的养殖户给予现金奖励，并发证书。"蟹王"、"蟹后"大赛是塘南镇率先发起的，2004年，塘南镇举办了首届全镇"蟹王"、"蟹后"评选大赛，250克以上的母蟹、300克以上的公蟹方可参加比赛。当年，获得"蟹王"、"蟹后"称号的养殖户分别获得了2000元的现金奖励（见表4-2）。2006年，因全县范围开始举办"蟹王"、"蟹后"大赛，塘南镇取消该项活动，但对获得全县"蟹王"、"蟹后"称号的养殖户分别再奖励3000元（2010年9月，县水产局调查资料）。

表 4-2　塘南镇历届"蟹王"、"蟹后"大赛情况

年份	届数	"蟹王"奖金（元）	"蟹后"奖金（元）
2004	第一届	2000	2000
2005	第二届	2000	2000

数据来源：基础数据由塘南镇农业服务中心提供，2010 年 9 月调查资料。

在借鉴塘南镇成功经验的基础上，县政府于 2006 年开始举办全县"蟹王"、"蟹后"大赛。县政府还以"蟹王"、"蟹后"大赛为契机，开展金秋螃蟹节招商引资活动。目前，全县"蟹王"、"蟹后"大赛已经成功举办了六届（见表 4-3）。

表 4-3　全县"蟹王"、"蟹后"大赛情况

年份	届数	"蟹王"规格（克）	"蟹王"获奖单位	"蟹王"奖金（元）	"蟹后"规格（克）	"蟹后"获奖单位	"蟹后"奖金（元）
2006	第一届	410	塘南镇、大陇乡	1000	275	大陇乡	1000
2008	第二届	520	塘南镇	1000	365	太白镇	1000
2009	第三届	520	塘南镇	1000	415	大陇乡	1000
2010	第四届	475	乌溪镇	3000	370	乌溪镇	3000
2011	第五届	480	黄池镇	3000	342	大陇乡	3000
2013	第六届	504	大陇乡	—	370	大陇乡	—

数据来源：基础数据由当涂县水产局提供，2013 年 7 月调查资料。

如表 4-3 所示，在全县"蟹王"、"蟹后"大赛中，大公圩地区的养殖户获奖比例最高。在"蟹王"评比中，六届"蟹王"均来自大公圩地区，其中，第一届"蟹王"得主为塘南镇和大陇乡养殖户并列。在"蟹后"评比中，有五届"蟹后"来自大公圩地区，得主分别是大陇乡和乌溪镇的养殖户或养殖公司。如同"芝麻开花节节高"，无论是"蟹王"还是"蟹后"，其规格整体上呈现逐年增加的态势，这本身就是河蟹产业不断发展的很好的注脚。就"蟹王"、"蟹后"大赛本身而言，其物质奖励是次要的，关键是通过这样的社会活动营造了良好的社会氛围，进而推动了生态养殖产业的持续发展。

（二）政绩考核办法

20 世纪 80 年代中期以来，在中国各地党政工作中逐渐建立起"目

标管理责任制"的制度形式，目前它已经被广泛应用于各地党政管理的实践之中。所谓"目标管理责任制"，简言之，就是将上级党政组织所确立的行政总目标逐次进行分解和细化，形成一套目标和指标体系，以此作为各级组织进行管理（如考评、奖惩等）的依据。在实践中，目标管理责任制以构建目标体系和实施考评、奖惩作为其运作的核心，在权威体系内部以及国家与社会之间构建出一整套以"责任—利益连带"为主要特征的制度性联结关系（王汉生、王一鸽，2009）。在大公圩地区的河蟹产业发展中，当地通过任务分配和指标分解，并发挥政绩考核这一指挥棒和相关激励措施的积极功能，形成了推动河蟹生态养殖产业发展的目标管理责任制。这种目标管理责任制在河蟹产业由"大养蟹"向"养大蟹"的转型阶段发挥了重要作用，迄今仍有不可忽视的作用。

1. 招商引资指标体系的创新

当前，招商引资是地方官员政绩考核的重要标尺，有的地方甚至明确提出，招商引资是第一要务、第一政绩，并规定明确的奖惩办法。如此，项目的环境影响评估（environmental impact assessment）恐怕只能沦为形式主义。因为环保局长都去招商引资了，环保局还如何实施"一票否决"？在这种社会背景下，环保局处于一种"稻草人化"的尴尬境地，环保职能形同虚设（陈涛、左茜，2010）。

在全国"招商引资"忙得不亦乐乎的社会背景下，当涂县也不可能规避这种发展路径。县委和县政府明确将"招商引资"作为"一号工程"，并要求全力以赴地进行招商引资，引进工业项目。2006年颁发的《当涂县招商引资考核实施办法》第十三条明确规定：任务个人、乡镇和县直部门在考核年度内未完成内资目标任务的，扣除招商引资任务保证金，当年不得评先、评优，并扣发当年目标岗位责任制奖。连续两年完成年度内资目标任务50%以下的，无特殊情况，主要负责人就地改任非领导职务，其他班子成员给予相应的组织处理。属垂直管理的部门和单位，向其上级主管部门通报，并建议对其主要负责人职务进行调整。以县水产局为例，每年有200万元的招商引资任务。如果完成不了，当年所交招商引资任务保证金（1200元）就会被没收，岗位奖励也会被取消；如果长期完成不了，单位主要负责人的职务就会被调整（2010年9月，县水产局调查资料）。事实上，这种奖惩体系也是以指标体系为核心、以责任体系为基础、以考核体系为动力的中国地方政府管理中"目标管理责任制"（王汉生、王一鸽，2009）的派生物。

政绩考核机制是政府官员行动的指挥棒。在这根指挥棒下，县乡两级政府官员汲汲于完成招商引资任务。在招商引资中，工业招商无疑会备受青睐。但是，除了石桥镇，大公圩的其他乡镇都是农业型乡镇，工业基础十分薄弱。所以，大公圩地区并不适合遍地开花地发展工业经济。而且，如果一味地发展工业，很可能会使现有的河蟹生态养殖这种水产经济优势丧失，并可能因为污染问题造成严重的社会问题。权衡利弊得失后，2008年，县委、县政府对乡镇政府政绩考核的内容和结构进行了调整，规定除石桥镇以外，大公圩地区更适宜发展农业产业的5个乡镇，可以用其他发展指标折抵招商引资的考核任务。一方面，大公圩乡镇招商引资过来的工业项目可以放在县域范围内的工业集中区，而不是在本乡镇，但仍然算作该乡镇及其主要领导的招商业绩；另一方面，新入驻的工业企业首次贷款额度较高，可将多出的部分折算成招商引资的任务数（2010年9月，县水产局、塘南镇政府访谈资料）。

很明显，关于招商引资的改革是很有限的，不可能完全解除地方政府的招商引资压力。笔者调查发现，当地乡镇政府所提倡的发展理念中，除了"生态富镇"和"特色兴镇"，近年来纷纷提出"工业强镇"口号，可见，工业化的压力和冲动依然比较大。但是，这种关于招商引资指标体系的改革毕竟是一种进步，符合大公圩地区的发展实际，而且在一定程度上减轻了乡镇主要领导的工业招商压力。同时，这也在一定程度上缓解了大公圩地区发展工业经济的压力，并为河蟹生态产业的发展提供了一定的外部保障机制。

2. 生态养殖纳入政绩考核体系

在河蟹产业由"大养蟹"到"养大蟹"的转型阶段，县乡两级政府部门开展了深入调研,政协组织也积极介入,在某些环节还发挥了重要作用。比如,2000年,由县政协领导带队、县水产局有关负责同志参加的调研组对全县水产养殖业发展情况进行了为期1个月的调研,撰写了《本县水产养殖业发展情况的调研报告》,还提出了应该加强对全县水面资源优势的再认识等建议,供县委、县政府决策参考(当涂县地方志编纂委员会,2012:227)。为推动河蟹产业转型升级,政府部门设置了相关政绩考评体系,包括:县政府将生态养殖列为乡镇政府政绩考核内容,在全县农业工作年度考核中将生态养殖列为重要考核指标,等等。

2005年,县政府出台了《关于进一步推进全县河蟹生态养殖的意见》。《意见》除了明确规定生态养殖的任务和考核目标外,还将发展生态养殖列入乡镇经济发展计划和考核内容,建立了促进该项产业发展的考核指标体系(2010年9月7日,县水产局调查资料)。生态养殖被纳入乡镇经济发展计划和考核内容后,促使乡镇政府明确了发展方向,并加强了对招商项目的环境评估力度,否决了一批外来投资项目。比如,塘南镇确立了"生态立镇、水产富镇、环境美镇、特色兴镇"的发展理念,在产业发展中树立了"要金山银山,更要绿水青山"的发展观,对长三角和珠三角转移过来的污染产业坚决抵制,并否决了多个环保不达标项目。又如,2005年,浙江某客商经过考察决定在工业集中区投资1000万元建一条服装水洗生产线。当得知该项目存在水污染情况后,镇政府拒绝了该项目(王春水,2006)。2002年以来,该镇已经否决了多个粗放型工业项目。

乡镇年度农业工作考核是对乡镇农业发展业绩的考评。尽管很多时候这种考核是一种例行公事,但考核结果仍然会涉及乡镇排名、荣誉以及奖金发放问题,也会间接地影响到乡镇领导以及农业部门领导的职务晋升。因此,年度农业工作考核不仅是政绩考核的重要内容,还具有明显的竞争机制。在全县的乡镇农业工作考核中,水产生态养殖是重要一项。以2009年度乡镇农业工作考核为例,是年,乡镇目标管理综合考核分为经济工作、常规工作和专项工作三大考核内容。毫无疑问，经济工作是重点内容，具体考核内容包括农业产业化、水产养殖和畜禽规模养殖三项。其中，农业产业化指标中也涉及河蟹生态养殖中的专业合作社、龙头企业发展以及产品资格认证等项目（见表4-4）。由此可见，水产生态养殖是农业工作考核的重点内容，这种考核机制为河蟹生态产业发展提供了重要的制度基础。

表4-4 乡镇农业工作考核中的水产生态养殖指标

序号	考核项目	分值	具体内容
1	生态养殖面积	40分	与上年持平得20分，每提高1个百分点加5分，直至满分；每下降1个百分点扣5分，扣完为止；生态养殖面积达到其养殖水面的85%及以上的得满分
2	水产品产量和特种水产品比率	20分	产量较上年增加1个百分点及以上的得10分，保持不变的得5分，每下降1个百分点扣2分，扣完为止；特种水产品比率达到45%及以上的得10分，每低1个百分点扣2分，扣完为止
3	标准化工作	20分	水产标准化技术推广应用覆盖率达到60%及以上的得满分，每低1个百分点扣5分，扣完为止
4	渔业科技入户或水产技术推广工作	20分	组织科技示范户参加2次及以上主题培训的得12分，组织1次的得6分，未组织主题培训的不得分；软件资料完整、全面的得4分，一般的得2分，差的不得分；科技示范户生产日志按要求填写完整的得4分，一般的得2分，差的不得分。在全镇范围内举办2期及以上水产技术培训班的得20分，组织1期的得10分，未组织培训的不得分

资料来源：当涂县《2009年乡镇农业工作考核细则》。

在考核体系中，除了对政府部门设定考核指标和内容外，还对从事技术推广的技术指导员设定了工作目标。原则上，技术指导员的工作目标是使技术示范户的产量较上年提高5%，效益提高10%（2010年9月，县水产局访谈资料）。那些推广效果明显、实践能力突出的技术指导员有机会"技而优则仕"。调查发现，当地有一些技术指导员曾长期从事水产养殖，凭借自身的生态养殖技术和后来通过自学考试、成人考试而获得一定学位，进而到乡镇水产技术推广部门从事管理工作。他们是因为专业技术而成长起来的管理者。可见，层层考核目标的设定为河蟹生态养殖产业发展提供了重要保障。

（三）水面承包模式

1. 改革水面承包方式

养殖水面一般是由当地政府或者村集体所有，养殖户只有使用权而没有所有权。由于"僧多粥少"——承包户很多，而养殖水面有限，所以，如何发包、如何分配养殖水面就成了迫切需要解决的重要问题。

水面承包机制具有方向性的引导作用，不同的水面承包机制会导致不同的养殖方式。2003年之前，水面承包是按照抽签的方式确定的。所以，能否承包到水面主要依靠运气。2003年开始，抽签这种方式逐步被废除，取而代之的是具有现代特征的公开竞标。公开竞标不但提高了水面承包的透明度，也激发了有利于生态养殖的社会氛围。此外，在竞标过程中，允许养殖户将养殖水体中的水生生物资源作价，参与下一轮承包或转让给下一轮承包者。这是为了规避养殖户的短期行为（在承包期的最后一年减少投入），因为他们并不清楚在下一轮的竞标中能否继续承包现有的养殖水面。如果在下一轮的竞标中失败，那么，在最后一年所投放的大量水草、螺蛳就相当于在为别人"做嫁衣"，在他们看来这是不划算的。所以，在承包期的最后一年，不少养殖户容易滋生消极思想和行为，在不亏本的情况下尽量少投放螺蛳和水草。鉴于这种情况，政府出台措施，行政村具体协调，对养殖水体的水生生物资源进行价值估算，然后参与下一轮承包或有偿转让给下一轮承包者。

水生生物资源的作价不仅有助于规避养殖户的短期行为，也有利于化解竞标之后的社会冲突。比如，生态养殖精英于先生2003年开始承包的158亩水面，不但养殖效益好，而且水生生物资源十分丰富，引起了很多人的"垂涎"。2008年再次竞标时，尽管他已经将水面承包费提高了280%，但因为别人的竞标价更高而失去了承包权。在不能继续承包的情况下，他要求把自己培育的水草和螺蛳等水生生物资源打捞出来，运到新承包的水面中。但是，新承包户不同意，双方僵持不下。这时，村委会出面调解，对水生生物资源进行估价，然后令新承包户给予经济补偿，从而解决了潜在的冲突问题（2009年8月10日，塘南镇蟹农访谈资料）。

2. 延长水面承包期

生态养殖需要一个过程，如果承包期过短，养殖户担心"前人栽树、后人乘凉"，并很可能会因为时间短而不愿意实施生态养殖。特别是，如果竞标到的水面水质不好，那么，水环境的生物修复一般就需要一年时间，养殖户实施生态养殖的积极性就不会很高。为改变这种境况，塘南、大陇等乡镇率先将承包期由三年延长至五年，乌溪镇则将承包期延长至六年（见表4-5）。

表4-5 各乡镇水面承包期的改革时间

	塘南	大陇	护河	乌溪	石桥	黄池
延长承包期的年份	2003	2003	2005	2010	2005	2003

数据来源：基础数据由县水产局提供，2010年9月调查资料。需要说明的是，乌溪镇由三年延长到五年的确切时间未查到，2010年是其承包期由五年延长到六年的年份。

在五年承包期制度下，养殖户基本可以做到"一年投资，四年受益"（2009年8月26日，塘南镇访谈资料）。这一改革解决了养殖户的后顾之忧，并激发了他们进行生态养殖的热情。同时，这种机制创新也保护了水资源，促进了生态产业的发展。事实上，在承包期改革中，地方政府是仅次于养殖户的利益攸关者，因为地方政府能从发包收入中提取一定比例的管理费。而且，地方政府与河蟹养殖户乃至整个河蟹产业之间形成了利益共存关系。之前之所以实施三年期，是因为每三年重新承包时，承包费一般都会有所提高，地方政府是受益者。如果每五年一承包，就会影响管理费的增幅。延长承包期是养殖户的要求，也是政府权衡利弊的结果。因为三年期不利于实施生态养殖，最终会影响到管理费的增长和河蟹产业的发展。正所谓，地方政府不仅是公共利益的代表，内在地具有公共性的典型特征，而且是自身利益的使者，从而必然地具有自利性的利益驱动（陈国权、李院林，2004）。在养殖水面承包期改革中，地方政府依然是理性的"经济人"，而不是纯粹的"生态人"，作为"经济人"的地方政府为产业转型提供了官方的组织基础。

第五章 生态资本

大公圩以水环境为基础,利用生态优势推动河蟹产业发展,并使之逐步由小变大,由弱变强。这一过程是生态资本不断呈现的过程,而生态资本的不断呈现不仅是河蟹产业得以转型的经济基础,也是其持续发展的社会基础和不竭动力。本章首先需要说明的是,笔者并没有倡导生态资本化的价值取向,即没有"应然"层面的价值诉求,而只是根据当地产业转型的实践作出的"实然"陈述与解读。

一 生态资本的社会文化观

笔者在田野调查中曾试图运用生态资本这一概念阐述河蟹生态产业的发展。后来发现,西方生态经济学早在20世纪90年代就深入研究了生态资源的这种属性。但这并不妨碍笔者继续就此展开探讨,而且笔者的分析视角也与其存在一定的差异。

(一) 概念的提出与厘清

1. 资本略说

资本(capital)最初是一个经济学术语。[①]根据布罗代尔(1993:236)的考察,"资本"一词出现于12~13世纪,有存货、生息本金等含义。自亚当·斯密(Adam Smith)以来的古典主义和新古典主义经济

[①] 商务印书馆1990年出版的《现代汉语词典》(修订本)对"资本"的解释是:掌握在资本家手里的生产资料和用来雇佣工人的货币;经营工商业的本钱;比喻牟取利益的凭借。

学家均将资本定义为一种能够生产产品的产品,并将其和土地、劳动并列为最基本的生产要素(赵延东,2003)。按照马克思主义政治经济学的观点,资本是可以带来剩余价值的价值。

资本是一个内涵丰富、历史久远的概念。目前,围绕资本已形成了很多复合式专业术语,比如,人力资本(human capital)、物质资本(physical capital)、社会资本(social capital),等等。其中,社会资本已经引起社会学、政治学、经济学等社会科学的研究热潮。可见,在不同的时空,资本的含义是不同的。

2. 田野调查中的生态资本

笔者在产业转型的田野调查中,萌生了用"生态资本"解释生态产业发展历程的意识。这种概念意识来源于两个地方的实地调查,一是大公圩,二是鹿湖镇。大公圩的有关情况将在后文进行详细阐述,这里对鹿湖镇的发展做简单阐述,它为贫困地区如何利用生态优势实现可持续发展提供了经验借鉴。

鹿湖镇地处湖洼地区,水来成泽,水退为荒,历史上长期饱受洪水之害,是国家级贫困县的重点贫困地区。20世纪90年代,该地在修建、完善水利基础设施的基础上,积极发展水稻、水产和水上旅游产业。当时,很多地方都在"水陆并进忙致富",大力招商引资,发展工业经济。鹿湖镇在开展"究竟要不要发展工业经济"的大讨论之后,最终决定放弃发展不具有基础和优势的工业经济,而是因势利导,积极利用水资源优势建设鹿湖风景区,重点发展水上旅游这种"无烟工业"。实践证明,这种战略选择不但解决了当地的贫困问题,也保护了当地的环境。由于没有工业污染,鹿湖镇具备了发展生态农业的优势,被列为国家无公害农业产业区,"鹿湖"池藕、"鹿湖"鲢鱼、"鹿湖"草鱼、"鹿湖"牌大米等先后通过农业部无公害农产品认证。在市场经济条件下,无公害农产品显示了较强的市场竞争力和质量优势,比如,"鹿湖"牌大米的市场价格比普通稻米高0.2—0.3元。鹿湖的发展理念及成效受到了广泛肯定,被联合国环境规划署授予环境保护"全球500佳"称号。之后,随着基础设施的完善，鹿湖风景区被评为国家AAAA级风景区、国家首批农业旅游示范点以及中国"最佳生态旅游景区"，鹿湖镇也被评为"全国环境优美乡镇"，每年吸引着大批游客前来观光旅游。2008年，风景区接待游客137.01万人次，同比增长18.5%，实现门票收入1947.15万元，同比增长6.3%。在就业方面，风景区直接解决了500多人的就业问题。此外，以鹿湖公园为中心，附近有近40户家庭从事餐饮等活动，从业人员近300人，户均收入2万元。可见，通过充分发挥自身的生态优势，鹿湖镇在水上旅游和生态农业方面培育出了新的经济增长点。2009年，笔者前去调查时获得的资料显示：该镇财政收入位居全县第一，农民人均纯收入比全县平均水平高出10%（2009年3月31日，鹿湖镇政府调查资料）。目前，鹿湖镇已经由一个水灾害问题突出、生活无保障的贫困镇变成了区域内经济成功发展的典范，这种经济效益的彰显进一步增进了当地居民有关环境保护的社会认同感。

无论是鹿湖镇还是大公圩，都是通过自身的生态优势实现区域经济社会发展，并在发展中增强了环境保护的动力。笔者根据这种凭借生态优势发展生态产业，并在发展中实现经济与环境互利共生的发展实践，萌生了"生态资本"这一概念，并试图以"生态资本"为分析框架研究这种区域发展类型。而当笔者深入研究时，发现这种资本属性早在20多年前就被生态经济学家通过"自然资本"（natural capital）、"环境资本"（environmental capital）和"生态资本"（ecological capital）这三个概念进行了研究。不过，随着文献梳理的深入，笔者发现，到目前为止，这种研究主要限定于经济学（侧重生态经济学）的研究范畴内。而从社会学的角度来看，生态资本的成功运作不仅能产生显著的经济效益，也是生态产业得以发展的重要社会基础，这是现有的研究文献中所未重视或者尚未予以明确阐述的。

3. 经济学视野中的自然/环境/生态资本

20世纪90年代前后，生态经济学家在研究可持续发展时发现了自然资源的资本属性。Harrison（1989）较早提出了这一概念，认为对自然资本进行核算的目的在于将其纳入国民账户体系（System of National Accounts，简称 SNA）中。经济学家 Pearce 和 Turner（1990：48 - 58）正式分析了"自然资本"这个概念。他们认为，可以把可持续性作为要求保持自然资本存量的一种方式进行分析。这种要求保证了自然环境在支持经济体系方面的功能与作用（Pearce & Turner，1990：52）。他们的研究成为后续自然资本研究领域的基础性文献。在世界银行组织编写的"环境可持续发展出版丛书"（Environmentally Sustainable Development Publications）中，经济学家 Sarageldin（1995：4 - 7）在《可持续性和国家财富》一书中，将资本分为人造资本（man-made capital）、自然资本（natural capital）、社会资本（social capital）和人力资本（human capital）四种形式。Sarageldin（1995：4）对自然资本的定义是：自然资本基本上就是我们人类赖以生存的自然条件，比如土壤、大气、森林、水和湿地，它们为人类提供了有用的商品和服务。

几乎同时，生态经济学家提出了环境资本这个概念。比如，Hartwick（1991）明确提出要将环境视为一种资本。Harte（1995）甚至认为，如果可能的话，环境资本应该原封不动。Serafy（1991）主张将环境退化所导致的经济收入折旧（depreciation）算进去，将可确定的环境退化损失纳入国民收入和生产核算中，进而更准确地反映出国民生产净值（NNP）和国内生产总值（GDP）。他还提出了可再生的环境资本（renewable environmental capital）这一概念。

O'Connor（1993）则对生态资本这一概念进行了相关研究。他认为，生态资本是存贮自然资源、提供可再生资源和维持生命服务的生态系统，也是容易遭受不断扩张的现代经济掠夺的非工业经济体。也有学者认为，生态资本是直接的生态资源价值和间接的生态服务价值的总和（Pan et al.，2005）。还有学者指出，生态资本是在一个边界相对清晰的生态—经济—社会复合系统内，具有生态服务价值或者生产支持功能的生态环境质量要素的存量、结构和趋势。生态资本的价值可以体现为生态资本自身的存在价值、服务价值和实现货币化后的货币价值三个层次（王海滨，2009：109）。

综观上述研究，就词语的运用频率而言，自然资本和环境资本的运用频率较高，生态资本的运用频率较低。尽管术语表述不同，这三个概念的基本内涵仍然具有很大的共通性。就现有的研究文献来看，自然/环境/生态资本研究的基本点可以归纳为：①将自然/环境/生态视为一种资本存量（stock），而这种存量已经越来越少；②保护现有的自然/环境/生态资本存量对于可持续发展具有十分重要的意义；③对自然/环境/生态资本进行价值核算的目的在于构建绿色国民经济体系；④经济学家关心的是自然/环境/生态资本如何计算为货币的问题，并且运用经济学的方法对之进行价值估算。比如，有学者将中国陆地生态系统的年生态资本总额估计为6.44万亿元人民币（Pan et al.，2005）。

4. 社会学视野中的生态资本

对于自然/环境/生态资本，本书以生态资本进行统称，主要原因有二。首先，三个概念之间的内涵具有很大的重叠性，经济学家有时也在混合使用这些概念，比如 Serafy（1989，1991）的研究中既有自然资本，也有环境资本，而他似乎也没有对这些概念进行严格的区分。其次，本研究探讨的是生态养殖领域的问题，关注的是污染产业的生态化转型问题，所以，本书使用的是生态资本这一概念。

生态资本是对资本理论的丰富和拓展。就词语组合的角度而言，生态资本是"生态"和"资本"的复合词语，兼具"生态"和"资本"的双重含义。首先，良好的生态条件是人类生存和可持续发展的基础，是生存和发展的资本。其次，生态可以资本化、货币化，通过市场机制运作可以产生经济效益，生态优势可以转化为经济优势。比如，有机食品价格高于普通食品就是这个道理。

简言之，生态资本是在一定的生态—经济—社会系统内，通过一定的市场化运作，使良好生态系统中的资源具有经济"推力"、生态优势具有经济"拉力"，这种"推力"和"拉力"为产业转型和生态产业发展提供了经济和社会基础，进而为环境保护提供了现实动力。具体而言，包括两个方面。①具有生态优势的资源可以作为一种资本进行市场运作，在激烈的市场竞争中获得显著的经济效益。生态产品是明码标价的，可以"走出去"，并最终转化为货币。大公圩打出"生态"牌，凭借对生态河蟹的市场化运作，以长江三角洲为市场主体，在全国大中城市和韩国、日本以及港台地区占据了一定的市场份额，将生态优势转化为了经济优势。②良好的生态条件是一张名片，能够吸引相应的投资商前来投资企业，即将经济资本"引进来"，比如，建设生态农业园，发展生态旅游业，等等。

与经济学不同，在笔者的研究框架中，生态资本化的根本目的并不是为了进行经济核算，而且，笔者认为，单纯地估算一个国家或地区的生态的经济价值似乎没有多少实质意义。因为，在不同的时空背景下，生态资本的价值不一；在不同的参照系下，生态资本的价值也不同。同时，如果没有市场运作，生态资本的价值形态亦无法呈现。另外，市场运作所展现的只是生态资本的"冰山一角"，系统的生态价值是无法量化的，也无法资本化。不仅如此，正所谓"皮之不存，毛将焉附"，如果生态系统已经不复存在，那么，再计算其经济价值也就失去了现实意义。所以，就生态资本对维系人类生存与可持续发展的基础功能而言，其价值是无法估算的，是无价的，因而单纯的经济量化意义并不大。在本研究框架中，笔者探讨生态资本的根本目的在于研究它是如何为产业转型和环境保护提供现实动力，进而促进环境保护与经济发展互利共生的。

（二）生态资本的社会属性

1. 生态资本产生的历史透视

良好的生态条件是人类生存和发展的基础，但是，因为存量丰富，在很长的历史时期内生态资本都是免费物品（free goods），其价值未被人类重视。工业革命后，生态系统遭受了严重破坏，直接威胁到人类的生存。在这种情况下，绿色 GDP 等一系列有关可持续发展的理念开始诞生。也正是在这种社会背景下，生态资本这一概念及其市场运作才开始产生。

当前，生态资本的存量已经很有限，而正是有限性和稀缺性彰显了生态资本的市场价值。因为，只有具备稀缺性，它才能转化为货币资本。比如，尽管干净的水源、清洁的空气、绿色的蔬菜一直都是人类生存所必需的，但在人类社会的长期历史中，它们几乎随处可觅，人类也就想不到去考量其经济价值，而在现代社会它们因为稀缺而变得弥足珍贵。当然，生态资本的产生也依赖于人们环保意识的提高。比如，只有具备一定的社会认同条件，有机食品才能彰显出市场效益，所谓的生态资本才能产生经济价值。

2. 生态资本存量减少的社会根源

目前，生态资本存量还在不断减少。比如，生物多样性仍然在急剧减少，生态退化所导致的生态难民（ecological refugee）问题还在上演，等等。生态资本存量减少的根源在现代社会，人类自身难辞其咎。

生态资本存量的减少是人类在经济利益的驱动下违背自然规律的结果。在工业化、现代化的历程中，发达国家都不约而同地经历了"先污染后治理"的路径。虽然中国力图避免这种弊病，但在实践中并没能够有效实现这一初衷。现代经济发展模式破坏了有助于维护生态资本存量的传统生产方式。比如，珠三角的桑基鱼塘就具有深刻的生态农业思想，能量能够循环利用。但是，发达的工业经济限制、压缩了传统农业的发展。如今，珠三角的桑基鱼塘基本都被转换成了工业经济建设用地，所剩无几，历史上因桑基鱼塘而积累起来的土壤有机质等也都在消失。所谓"解铃还须系铃人"，恢复生态资本存量，根本上要从改变人的行为模式和经济社会发展模式入手。

3. 生态资本的可增值性

资本具有逐利的性质。作为资本类型之一，生态资本同样具有价值的属性，能够产生直接的经济效益，并实现价值增值。也就是说，生态可以资本化，还能够产生出附加值。这种可增值性为生态资本的市场运作提供了经济基础。

生态本身不是货币，但生态优势可以引来"金凤凰"——经济资本。在产业投资中，"资本跟着生态走"的现象已不鲜见，房地产市场对生态资本的应用就是一个典型案例。就供给角度而言，安静的、没有污染的地段已经非常有限；而就需求角度而言，人类对良好生态环境的需求在不断增加。供给的有限性和需求的无限性之间的矛盾导致生态资本的价值不断攀升，水源优质、空气良好的地段，房价必然会高出很多。目前，"生态路线"已是房地产商的一面旗帜，他们在楼盘销售宣传中动辄冠以"生态乐园"、"田园风光"、"世外桃源"、"亲水码头"等词语，这无疑是在炒作生态资本。那些别墅之所以价格昂贵，不仅是因为地段安静，房屋质量好，成本投入高，更重要的是，这些地方往往融自然山水于一体，被房地产商冠以"原生态"加以包装炒作。"生态别墅"、"生态乐园"、"生态小区"等词语本身就体现了生态资本的逻辑运行原理。环境保护是一种投资，能够获得利息。投资越大，回报也就越大，就如同在银行存钱越多，利息也就会越多。大公圩在对外招商引资过程中，总是不忘提及生态养殖模式。表面上看，二者风马牛不相及。事实上，这是在向投资者宣传当地的生态优势，将之作为和其他地方争夺投资项目和资金的一种竞争资本。

4. 生态资本解释了环境保护的现实可能性

在本质上，生态资本折射着人类中心主义思想，是一种"浅生态学"（shallow ecology），但恰恰是"浅生态学"这种折中方案解决了经济与环境的协调问题。因为，在目前的社会发展阶段，"深生态学"（deep ecology）只能是人类的一种价值理念和价值追求，在现实中难以操作，还只是一个"乌托邦"。所以，生态资本的市场运作具有现实合理性，也解释了环境保护的现实可能性。

在现代社会，人首先是"经济人"，而且，不可能是单纯的"生态人"。作为GDP中的直接利益相关者，政府不可能为了保护环境而完全放弃经济发展。当前，大量生态产业建设热潮背后的推动力，首先就是经济产出问题。如果生态不能资本化或者不能为人类所用，环境保护也难以有内在动力,日本森林覆盖率的变迁就说明了这一点。从纯粹的自然主义角度讲,人类对森林的介入无疑是对自然的破坏,但历史表明,没有对森林的利用,森林不但难以得到保护,反而会遭到破坏。近代以来,虽然人口大大增加了,但日本的森林覆盖率仍高达62%,位列世界第二。而最近,日本森林又变得荒芜起来。其根本原因是,失去了保护山林的继承者,这与1970年前后明显加剧的山村人口过疏化有关。在日本,人们对森林保护最严格的是离人们生活区很近的"里山",因为人们需要从那里获取燃料、农田里的肥料、山野菜等食物和建材(鸟越皓之,2009:51—52)。可见,环境保护的动力机制与人类的生活需求和经济发展密切相关。经济效用的彰显能增进人们对环境保护的社会认同感,进而能增进其参与环境保护的自觉性和主动性。

5. 生态资本提供了产业转型的社会基础

在很大程度上,污染产业能否实现转型、生态产业能否得到发展,取决于其能否惠及相关利益群体。蟹农如果不能从生态养殖产业中得到经济利益,就不会采用生态养殖模式;地方政府如果不能从中得到实惠,就不会为河蟹产业转型及其发展提供源源不断的政策和财政支持。但是,河蟹产业的产值和效益毕竟还不能与规模化的工业经济相提并论,在全部的GDP份额中贡献也比较有限。那么,具有"经济理性"的地方政府为何还会醉心于生态养殖?原因在于:生态养殖品牌打响后产生了社会效益,成为地方对外宣传的重要名片;这张名片不仅发展了生态农业和休闲旅游业,而且带动了招商引资,促进了全县经济的发展。所以,生态优势转化为经济优势,事实上为产业转型提供了动力机制。

生态资本是以生态为基础的,没有生态优势这种基础,就不可能有生态资本的存在。在大公圩地区,生态资本的经济价值体现在两个方面,即"走出去"和"引进来"。①"走出去"。随着近年来消费者环境意识和健康意识的提高,生态食品逐渐成为消费者的普遍选择。实施生态养殖后,大公圩的河蟹市场半径不断扩大,先后走出县大门和国门,"爬"到了东南亚市场。②"引进来"。良好的生态优势带动了休闲渔业及其相关产业的兴起与发展。同时,河蟹生态产业成为地方发展和对外宣传的一张名片,以河蟹为媒介的招商引资,促进了县域经济发展。这种"一产拉动二产和三产"的格局促进了地方政府对生态养殖业的重视与扶持。由粗放型"大养蟹"到生态型"养大蟹"和"养好蟹"的转型,产生了显著的经济效益和重要的社会效应,正是经济效益的彰显使其得到了民众的支持特别是地方政府的积极扶持。

6. 生态资本运营的现实困境

生态资本运营会产生三重效果:一是保值,二是增值,三是贬值。合理的生态资本运营会在保值基础上实现增值,而过度的开发不但不会实现生态资本增值,还会导致贬值问题。由于生态资本的可增值性已经为房地产商等"经济人"所发掘并使其在实践中获得丰厚利润,所以,越来越多的"经济人"开始炒作生态资本。但是,生态资本的运作有一个度,超过生态系统承载力的市场运作是不可持续的。

生态资本市场运作的目的有二:一方面,将生态资源优势转化成经济优势,促进经济社会发展;另一方面,围绕生态资本的利益相关者能直接认识到环境保护的经济效应,从而为环境保护提供内在支持。但是,人类逐利的取向会导致对生态资本采取"竭泽而渔"的开发方式,正如马克思所引用的托·约·登宁对资本特性的表述:"如果有10%的利润,它就保证到处被使用;有20%的利润,它就活跃起来;有50%的利润,它就铤而走险;为了100%的利润,它就敢践踏一切人间法律;有300%的利润,它就敢犯任何罪行,甚至冒绞首的危险。"(《马克思恩格斯全集》第二十三卷,1972:829)在生态资本的市场运作中,超越生态边界的行为时常发生。比如,在自然保护区建设别墅就是以生态资本为幌子的短期行为。在现实中,诸如此类的案例不胜枚举。所以,从生态理性的角度而言,所谓的生态资本市场运营,必须要以生态资本的保值为基础。

7. 生态资本存量的中长期评估

自18世纪工业革命以来,生态资本的存量一直在大幅减少。即使有些修复，但从整体的生态系统来看，这种修复也是非常有限的，生态恶化的趋势仍然在加剧。可以预期，在未来相当长的一段历史时段内，生态资本的存量还会继续减少。

既然人类已经认识到生态保护的重要性，为什么生态资本存量还会减少？这是因为经济发展机制以及追求 GDP 的心态仍处于"生产的跑步机"上。"跑步机"理论是美国环境社会学家 Schnaiberg（1980：220 - 250）在研究资本主义国家环境问题时提出的，后经 Gould、Weinberg 和 Pellow 等社会学家的发展而成为环境社会学的重要理论。"生产的跑步机"是一个聚焦于制度和社会结构的概念，强调的是社会系统和政治经济秩序引起经济扩张所导致的环境衰退（Schnaiberg & Gould, 1994：68 - 70）。比如，为了保持同样的社会福利水平（维持就业和收入水准），政治经济秩序必然要求不断地发展经济，也就要生产更多的商品，消费更多的资源，最终产生更多的垃圾。如此，形成的是"大量生产→大量消费→大量浪费→大量废弃……→大量生产→……"的恶性循环。虽然这一理论最初是用来阐释美国的环境问题，但同样可以解释其他国家的环境问题（Gould, Pellow, & Schnaiberg, 2008：44 - 47）。就我国而言，粗放型的经济发展模式尚未从根本上扭转过来。虽然发达地区的环保意识有所提高，但那些被淘汰的、落后的经济模式及生产工艺却成为欠发达地区的"座上宾"。因此，生态资本的前景仍然不容乐观。

二　生态资本的市场配置

现代农业社会中使用的化学药物对生态系统造成了严重危害，食品安全问题已经成为困扰消费者的重要社会问题。20 世纪 90 年代前后，消费市场对食品质量和生态品质的需求及其社会建构（social construction），推动了食品的生态等级认证，在此背景下，无公害河蟹、绿色河蟹和有机河蟹等具有生态等级标签的食品受到人们的追捧。目前，中国的有机产品消费市场方兴未艾,但产品供给还很有限。因此,有机河蟹具有广阔的市场发展空间和价值增值空间。

(一) 市场需求结构与生态等级认证

1. 河蟹市场的需求结构

河蟹具有重要的营养价值。有关资料记载:河蟹含有丰富的蛋白质及微量元素,还有抗结核病等医疗功能。中国人食蟹的历史悠久,《周礼》中就有关于吃螃蟹的记载。到了20世纪30年代,吃河蟹已经成为上海滩的一种时尚(沈嘉禄,2007)。

随着人工养蟹技术的突破,河蟹的市场供给量不断增多。特别是,随着经济的发展和人民生活水平的提高,食蟹的社会群体不断增大。在此背景下,市场对河蟹的需求量很大,但"吃蟹难"问题一直没有得到解决。直到20世纪80年代后期,河蟹市场还是供不应求的格局。由于是卖方市场,河蟹价格也就一直居高不下,所以,当时的消费市场需求结构依然是数量型阶段。

随着养殖规模的不断扩大,河蟹市场逐渐趋于饱和,到20世纪90年代,河蟹市场经由供求平衡阶段进入供大于求阶段。与此同时,水域污染问题已经变得十分严峻,养殖水域生态资源的严重退化直接导致河蟹良莠不齐、口感差、品质差。在食品生产领域,除了污染是重要的不安全性因素外,化学药物、食品添加剂和激素的滥用也对食品安全构成了直接威胁。2000年以来,食品安全问题逐渐浮出水面,爆发了诸如苏丹红事件、多宝鱼事件、三聚氰胺事件、瘦肉精事件等一系列的食品安全事件。问题出现的根源是利益的驱动,而食品出现问题的直接原因是,在动植物生长过程中,生产者为预防疾病、加快动植物生长,滥用化学药物、饲料添加剂、生长调节剂和激素,甚至使用违禁药物。

随着环境意识与健康意识的提高,消费者需要的已经不是常规意义上的食品,而是无污染的、健康的和绿色的食品;市场需求结构已经由传统的数量型转向质量型。面对新型社会消费心理,食品生产厂家纷纷打出"生态"牌。为应对产业危机与市场需求结构的变化,大公圩地区在加强标准化生产的同时，更加重视河蟹的生态等级认证和相应的包装。

2. 河蟹的认证标准与等级

就食品的认证等级而言，一般包括无公害食品、绿色食品和有机食品三类。其中，"有机"是国际上通行的认证标准，而"无公害"和"绿色"是中国食品领域的认证标准。经过生态认证的食品会获得国家农业部门或质检部门颁发的证书。比如，美国的有机食品有"USDA Organic"标签，其中，USDA 表示经过了农业部的认证和核准，Organic 表示"有机"，一般用绿颜色标示。

相应地，河蟹的认证标准包括无公害河蟹、绿色河蟹和有机河蟹三个等级。其中，无公害等级最低，在养殖过程中允许限量使用人工合成的化学农药添加剂，但要保证农药残留不超标、"三废"等有害物质不超标。事实上，无公害是健康消费的基本安全线。绿色河蟹包括 AA 级和 A 级两个标准，前者的生产标准高于后者，更接近于有机河蟹标准。有机河蟹是最高的认证等级，生产过程中禁止使用一切化学药物、化肥、生长调节剂和激素。正因为有机食品生产过程严格，因而在成为正式的有机食品之前，需要一年的转换认证阶段。近年来，当地不断加强河蟹的生态等级认证工作。2001 年，中国国际农业博览会认定"当涂"牌（后注册为"石臼湖"牌）河蟹为名牌产品；2002 年，河蟹被认证为安徽省无公害产品；2006 年，河蟹被认证为绿色产品；2010 年，"石臼湖"牌螃蟹获得国家实施的地理标志产品项目的保护（当涂县地方志编纂委员会，2012：338）。此外，大公圩地区一家水产公司注册的"牧牛湖"牌螃蟹被认定为省名牌农产品并获得"香港优质卫生证"，当涂县于 2013 年被列为全省首批国家级水产健康养殖示范县（2013 年 7 月，县水产局调查资料）。目前，大公圩地区获得无公害认证的河蟹年产量约 700 吨；获得绿色认证的河蟹养殖面积 800 公顷，年产量 95 吨；获得有机认证的水产品（包括河蟹等四种水产品）养殖面积为 494.4 公顷（根据县农委行政审批股提供的基础数据进行的计算，2010 年 9 月调查资料）。

就等级标准而言，无公害河蟹、绿色河蟹和有机河蟹之间呈现金字塔形状。其中，"无公害"标准位于塔基，"绿色"标准位于塔身，而"有机"标准则处于塔尖（见图5-1）。在金字塔图形中，三者之间不仅认证标准不同，而且在市场价格和市场空间方面，也呈现差异。①等级越高，品质越好。等级高的河蟹生产难度大，成本高，市场供应量小，因而价格更高。所以，有机河蟹价格最高，无公害河蟹价格最低，绿色河蟹介于二者之间。②市场空间不同。无公害河蟹目前一般只能在国内市场销售，难以进入国际市场；绿色河蟹是进入国际市场的基本线；有机河蟹主要面向国际市场，是出口创汇的优势产品。

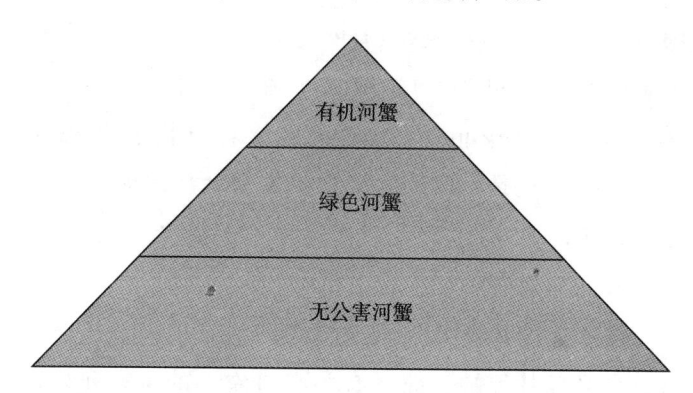

图5-1 河蟹的认证等级

（二）有机食品及其市场机遇

1. 有机农业

2009年，大公圩地区的首批河蟹通过国家有机认证（转换认证阶段），有机河蟹的诞生标志着河蟹产业迈入新的发展阶段。有机河蟹属于有机农业范畴，笔者先对有机农业的诞生背景与发展状况进行梳理，从而更好地理解中国有机农业的发展。

有机农业的英文是 Organic Farming 或者 Organic Agriculture。"有机"一词和农业联系起来使用，最早出现于诺斯伯纳（Northbourne）的著述中（Kristiansen & Merfield, 2006）。有机农业有一套严格的规定和检测指标体系①，其中，最基本的要求是，在生产过程中不能使用化学肥料和杀虫剂，也不能使用合成生长调节剂和饲料添加剂等物质（Rogers & Burdge, 1988: 219）。事实上，有机农业并不是新近的发明，而是最古老的农业形式，古代社会的农业生产就是朴素的有机农业。在以化肥、农药高投入为特征的现代农业生产体系下，"有机"成了古董似的珍宝。而现在所谓的有机农业，在原理方面只不过是对古老农业的返璞归真。有机农业成为一项社会产业，是社会消费结构发生变化的必然要求，是消费者社会需求与社会选择的结果。其直接的社会背景，是20世纪70年代的环境保护主义社会运动。1972年，倡导发展有机农业的国际组织——国际有机农业运动联合会（International Federation of Organic Agriculture Movements，简称IFOAM）成立。随后，美国、爱尔兰等国家纷纷爆发了有机运动（Organic Movement）或者有机农业运动（Organic Farming Movement），这是该时期环境保护主义社会运动的重要内容（Tovey, 1997; Kaltoft, 2001）。有机农业运动不但提升了人们的环保意识，也推动了有机农业的发展。

与国际有机农业的快速发展相比，我国的有机农业还非常滞后，不但市场上有机食品极其稀缺，而且有关有机农业的生产和认识还处于混乱甚至尴尬的境地。①有机认证和检查不规范，"有机"的经营者甚至不清楚究竟何谓"有机"。笔者2009年7月在江苏高淳境内调查时，就餐的地方是石臼湖南岸的一家公园饭店，门口牌子上写着"有机蔬菜种植基地"。笔者对此宣传很有兴趣，专门找到了饭店老总，看看他是如何发展"有机"的。在他侃侃而谈很多环境保护的道理之后，笔者问他的蔬菜种植是否使用化肥。他的回答让笔者目瞪口呆："不使用化肥怎么行？"再问："使用农药吗？"答曰："怎么可能不使用农药？不然生虫

---

① 按照国际有机农业运动联合会（IFOAM）的规定，有机食品通常需要具备四个条件：①原料必须来源于有机农业生产体系，或者是采用有机方式采集的野生天然产品；②在整个生产过程中严格遵循有机食品的加工、包装、储藏、运输标准；③生产者在有机食品生产和流通过程中，有完善的质量控制和跟踪审查体系，有完整的生产和销售记录；④必须通过独立的有机食品认证机构的认证。参见周泽江、宗良纲（2004: 11）。

子怎么办?"又问:"那您这怎么能叫作有机呢?"他的回答则是:"搞笑吧,谁说有机就不能使用化肥、农药了?不用化肥、农药和除草剂,蔬菜怎么生长呢?"(2009年7月29日,对石臼湖畔一家公园饭店的老总的访谈资料)。有机蔬菜的生产者居然是如此认识"有机"的。②农产品市场中的无奈。以前家庭主妇买菜的时候,喜欢选择那些看起来整整齐齐的蔬菜,而不买带虫眼的蔬菜。现在则恰恰相反,很多家庭主妇买菜时专挑那些带虫眼甚至虫眼多的蔬菜。为什么呢?因为现在的蔬菜生产过程中,杀虫剂、农药使用量太多。而随着居民健康意识的提高,大家都想吃原生态的蔬菜。之所以挑虫眼多的蔬菜,是因为人们认为虫眼多说明农药喷洒量还不够多,虫子还能生存,所以吃起来还算健康。事实上,虫眼的多少并不能作为蔬菜是否健康的指标。中国的食品健康状况由此可见一斑。

2. 中美有机食品的市场价格比较

从有机食品市场的分布来看,国际有机食品市场主要集中在欧美国家。其中,美国是世界上最大的有机食品消费市场。在美国,不仅有机品种丰富,而且有机食品和普通食品的差价不大。目前,美国有机食品消费已经进入大众化阶段。而中国的有机食品市场仍处于起步阶段,有机食品销售主要集中在专卖店和大型超市,普通超市所销售的有机食品非常少。

在美国,一到超市就能发现琳琅满目的有机食品。从各种水果、蔬菜、肉类,到麦片、牛奶、红糖甚至化妆品,都能看到"有机"字样。一般情况下,有机食品比普通食品的价格仅仅高出1美元左右,其中很多有机食品仅比普通食品高出几十美分而已(见表5-1)。Albertsons超市的员工告诉笔者,有机食品种类丰富、价格并不高昂,每个消费者都可以购买。据他估计,70%左右的消费者会长期选购有机食品(2009年12月14日,Albertsens超市访谈资料)。

表 5-1　美国有机食品与普通食品的市场价格

单位：美元/磅

	红土豆（Red Potato）	苹果（Fuji Apples）	青苹果（Graany Smith Apples）
有机	1.69	1.99	1.99
普通	0.99	1.50	1.79
差价	0.70	0.49	0.20

注：在美国，"有机"食品是分等级的。农业产品标签为"100% 有机"（水和盐不在范围内）必须只能含有机成分；标签为"有机"则必须至少包含 95% 的有机成分；标签为"用有机成分制作"必须包含至少 70% 的有机成分。有机成分不足 70% 的食品不能在主要显示板的任何地方标示"有机"记号，但可以在成分说明中介绍具体的有机成分（Dimitri & Greene, 2007）。所以，同样品牌的食品，如果其有机成分程度不同，价格是不一样的。笔者这里选择的都是标签为"有机"（即有机成分至少达 95%）的食品。

数据来源：在美国戈利塔市 Albertsons 超市的实地调查，2009 年 12 月 14 日。

初入美国发现有机食品如此丰富时，笔者心理上受到了很大的冲击。因为笔者之前只是在文献中了解这一概念，生活中并没有留心有机食品的销售和购买情况。后来上网查询资料发现，国内的有机食品，除了小部分在大型超市有销售外，其余的大部分都在专卖店销售，价格一般是普通食品的 3—5 倍。2010 年 9 月，笔者根据网上的查询资料，按图索骥，到南京一家有机食品专卖店——南京有机餐厅进行调查。调查发现，由于有机食品数量少，市场需求量却比较大，因而它的市场价格远远高于普通产品。比如，有机小香葱的价格达到每公斤 33 元，而附近普通小香葱的价格是每公斤 4 元，前者是后者的 8.25 倍（见表 5-2）。正因为这种相当大的价格差，有机食品目前基本上是中产及以上社会阶层的消费品，对普通百姓而言，有机食品还是奢侈品（2010 年 9 月 11 日，南京有机餐厅调查资料）。

表 5-2　中国大陆有机食品与普通食品的市场价格

单位：元/公斤

	小香葱	大白菜	苦瓜	丝瓜	胡萝卜	四季豆	豇豆	生姜	地瓜
有机	33	14.4	14.4	14.4	15	14.4	14.4	19.8	10.8
普通	4	1.6	3	3.6	3	7	4	14	3

数据来源：有机食品价格来源于南京月牙湖附近的南京有机餐厅，2010 年 9 月 10 日下午调查资料；普通食品价格来源于南京的南珍菜市场，2010 年 9 月 11 日上午调查资料。

当前,"有机"已经成为一项标签(label),成为关乎健康与品质的标准。所以,同其他有机食品一样,通过有机认证的河蟹即"有机河蟹"不但标明了其内在价值和外在价格,而且"有机"这一标签本身就在市场上为生产者和消费者建立了信任机制。有关资料显示,国内首批通过有机认证的河蟹诞生于2004年。

2010年9月,笔者在南京对固城湖有机螃蟹调查时发现,在规格相同的情况下,有机河蟹的价格一般比普通螃蟹高出1倍以上。在大公圩地区,有机河蟹生产起步较晚,规模较小,市场价格优势还没有充分显现出来。现阶段,企业进行有机生产的动力主要来源于政府部门的扶持和奖励。笔者在当涂县水产局调查发现,如果企业获得一个有机品牌认证,省市县三级政府将补助10万元,因此,虽然生产成本高,但企业进行有机河蟹生产仍然有利可图,这才推动了有机品牌的发展(2011年8月8日,县水产局访谈资料)。

包括有机河蟹在内的有机食品价格偏高,不仅与食品质量有关系,而且与其市场供给量有很大关系。有机食品在西方刚刚兴起的时候,由于生产成本高,市场供给量有限,市场价格也很高。如今,美国等发达国家已经实现了有机食品的大众化,而我国的有机食品市场才刚刚兴起,市场供应量也非常有限。不过也正因为如此,我们可以预期,在未来很长一段时间内,包括有机河蟹在内的有机食品的市场空间很大,有着可观的市场前景。

(三)河蟹销售的三级市场

生态养殖发展起来后,大公圩河蟹在市场角逐中逐渐占有一席之地。它以长三角为突破口,在全国大中城市建立了销售网络,并开辟了国际市场。河蟹的市场销售半径与其品质和生态认证等级成正比例关系,通过认证的等级越高,市场半径越大。反之亦然,那些市场销售半径越大的河蟹,品质和等级标准也越高。

1. 初级市场

初级市场是河蟹销售的本地市场,主要集中在大公圩和周边地区。

马桥蟹市和塘南水产大市场是其中的大型市场,其中,前者被誉为"江南第一蟹市",后者是安徽省规模最大的水产市场,也是皖南地区最大的河蟹专业批发交易市场和华东地区镇级规模最大的河蟹专业批发市场。作为区域性的初级市场,一方面,它们是水产品交易的中心集散地,另一方面,它们也是当地养殖户比较生态养殖效益的擂台。

首先,作为区域性水产品的中心集散地,初级市场不仅汇聚着大公圩内一乡五镇的水产品,还有安徽宣城和江苏高淳等周边地区的水产品。这里以塘南水产大市场为例进行说明。塘南水产大市场始建于2008年1月,同年8月一期项目竣工,同年9月开业,该批发市场以优质河蟹、鳜鱼、青虾为主,兼营常规鱼和各类冰冻水产品批发。市场占地4公顷,建筑面积1.1万平方米,共有135个经营摊位,年交易额3.5亿元(当涂县地方志编纂委员会,2012:419)。塘南大市场前后投资总共1800万元。目前,已建成交易门面房210间,面积5840平方米;交易大棚面积1500平方米;附属后勤用房28间,面积700平方米,餐饮用房24间,576平方米;住宿、休闲、服务及办公区域用房30间,960平方米。拥有水产经纪人150余人,从业人员超过2500人,日交易量15万—20万千克,高峰期达25万千克(2010年9月,塘南镇农业服务中心调查资料)。作为水产品交易集散地,它既发挥着本区域的市场交换和销售功能,也发挥着水产品生产基地与全国大市场之间的连接功能。以河蟹为主的水产品到此集中后,通过组织化的渠道销售到沪宁杭地区、京津地区以及东北地区。这不仅拓展了水产业的发展空间,拓宽了水产品的流通体系,也带动了青虾、鳜鱼等除河蟹之外的水产品的生产和销售。如果没有河蟹这项特色产业的发展壮大,通过招商引资建设水产大市场的可能性就会大大降低。另外,水产大市场也带动了运输业和餐饮业等第三产业的发展。

其次,初级市场是生态养殖的示范市场。在河蟹交易市场能够直观地比较出河蟹的规格,这种比较不仅直接产生了不同等级的河蟹的价格差,而且能够让养殖户切身感受到生态养殖和非生态养殖的效益反差。

初级市场中的这种比较,创造了有利于生态养殖的社会氛围,推动了区域内生态养殖业的发展。《马鞍山日报》关于"江南第一蟹市"——马桥蟹市的一篇报道对此提供了很好的注脚。

> 我们信步来到远近有名的朱大富的收购摊点,惊奇地看到左右两组卖蟹人。左边的一群都提着小篾篓,操大陇、兴永口音,篓里的蟹只只硕大。老朱随手从他们的篓里提出一只,放到电子秤上。"呀,180克!"在场的人惊呼起来。而右边的一群人,网兜里的蟹则相形见绌,每只不过70克左右。有的人干脆不好意思地将网兜放到了身后。老朱首先接过左边的一篓蟹,麻利地倒入一只大铁桶分拣,无奈地对右边的几位说:"人家舍得投入,搞生态养殖。如今1斤蟹要抵你们3斤的价值,还是外销的抢手货呵……"现场来自黄池双沟的一位养殖户似乎触动很大,他下了决心:"看来舍不得投入真是不行喽,回去我就购草种螺蚌放养!"(冯仕平、张志红,2009)

2. 全国市场

在河蟹销售市场中,大公圩建立了以长江三角洲主要城市为核心,辐射全国大中城市的销售网络。在全国市场的开拓中,先后以"上海滩"和"石头城"为突破口,通过他们所谓的"大兵团联合作战"的方式打开了河蟹销售市场,已在北京、上海、南京、武汉等全国大中城市设立了100多个营销窗口。

上海是全国最大的河蟹集散地,因而成为大公圩地区开拓河蟹销售渠道的首选之地。2002年国庆前后,县政府牵头在上海农产品中心批发市场举办了"首届上海金秋石臼湖螃蟹展示交易会"。交易会初步打开了市场,并与上海多家大酒店签订了直销合同。之后,又连续举办了三届河蟹推介会。与此同时,县政府在沪西水产市场投资380万元,建立了"当涂水产品专营一条街"。在打开上海市场后,政府部门又在南京举办了两届河蟹推介活动，并与高档宾馆、饭店签订供货合同。沪宁两地成为当涂河蟹外销的首批城市。为进一步拓展河蟹销售网络，县政府于2006年在香港举办了河蟹推介会。目前，大公圩河蟹销售市场形成了以长三角为核心、西北到乌鲁木齐、东北到辽宁、南到香港的全国网络（2010年9月7日，县水产局访谈资料）。销售市场的拓展不仅拓宽了河蟹的市场销售半径，而且提高了河蟹的市场知名度，打响了市场品牌。

河蟹市场的开拓引起了带动效应，提高了以河蟹为主的特色农产品的市场占有份额。通过河蟹推介会，不仅"石臼湖"牌螃蟹获得了广阔的市场空间，"丹阳湖"牌蟹苗、"甜润"牌大米、"金菜地"牌蔬菜、"黄池"牌食品、"雪润"牌肉制品、"金安康"牌食用菌等都获得了良好的市场销售渠道，并在长三角地区的家乐福、苏果、联华、农工商、华联等大型连锁超市占据了较大的市场份额（2009年8月，县水产局调查资料）。而这些市场的开拓是以河蟹等农产品的质量和通过认证的生态等级为基础的。在绿色食品成为新的消费需求的社会背景下，若要拓展市场半径，那么，河蟹品质和质量必须提高。

3. 出口市场

大公圩地区的水产龙头企业开拓了河蟹销售的国际市场。目前，出口国家和地区主要是东亚地区，集中在韩国、日本等国家以及中国香港地区。国际市场的开拓是河蟹产业国际化的重要标志。

2005年，大公圩地区的河蟹首次出口到香港，实现了外贸出口零的突破。此次出口的河蟹来源于Y渔业公司。该公司是皖江地区首家水产品自营出口企业，也是目前大公圩地区唯一实现了出口创汇的企业（其他企业只是具有出口生产线，但尚无出口创汇记录），拥有一条自行设计、国内先进的河蟹出口包装、保鲜标准化生产线和一条高标准蟹加工出口生产线。2005—2008年，该公司出口河蟹200吨，年均50吨。其中，2008年该公司实现销售收入6000多万元，利润250多万元。2009年11月，该公司实现出口新跨越，首次向日本出口河蟹，并签订30吨大闸蟹的销售协议（2010年9月，调查资料）。

为抢占出口市场份额，大公圩地区正在新建一批河蟹出口加工生产线。其中，位于大陇乡的S养殖有限公司所下属的占地2000多平方米的外贸出口生产线已建成投产，并获得河蟹自营出口资格。而Y渔业公司在出口生产线方面的建设与规划相对更成熟，除了已有的出口加工厂房，还在组建水产品加工速冻生产线，开发原味蟹粉、蟹黄饺、蟹黄包系列冷冻食品，以及速冻青虾、鳜鱼和无公害甲壳粉饲料。项目分两期。一期工程建设时间为2年（2008—2009年）。建成年产速冻河蟹粉300吨的生产线，产品主要面向香港和韩国。全面达产后，可实现年销售收入1.6亿元，利税800万元。一期工程后期将利用蟹粉加工的间歇时间，使用同一条生产线开发速冻青虾、鳜鱼，出口香港，计划年出口100吨，可实现年销售收入600多万元，利润80多万元。二期工程建设时间也为2年（2010—2011年），投资1900万元，主要建成年产速冻蟹黄饺、蟹黄包500吨和甲壳粉饲料生产线。加工食品主要出口香港。甲壳粉饲料产品是对河蟹加工副产品进行再利用，用于本地水产养殖。二期工程达产时可实现年销售收入1.5亿元。项目全面达产后，可新增年销售收入3.1亿元，年利税1500万元左右[1]（2009年8月中旬，渔业公司调查资料）。

食品出口面临的最大问题是"绿色贸易壁垒"。笔者在对河蟹出口加工企业进行调查时发现，出口河蟹在产品质量和生态指标方面需要接受严格的监测。当然，不同的国家在监测指标和内容方面不同，有的国家要求出口河蟹通过200多项指标的监测，而且是"一票否决制"，任何一项监测指标通不过，都不能出口到该国。

市场半径由初级市场到全国市场再到国际市场的拓展过程，也是河蟹生态等级的提高过程，体现了生态养殖广阔的市场空间，也体现了生态资本的市场价值。

---

[1] 数据来源于《当涂县Y渔业发展有限公司发展情况汇报》，2009年8月中旬田野调查。

三 生态资本的产业效应

"栽下梧桐树,引来金凤凰",生态养殖中积累的生态资本带动了区域经济发展。一方面,大公圩地区通过对生态资源和环境优势的市场化运作,吸引了观光游客,促进了旅游产业(三产)的发展;另一方面,河蟹品牌成为招商引资的媒介,吸引了国内外经济资本的流入,促进了工农业经济(一产和二产)的发展。

(一) 休闲渔业

1. 休闲渔业产业的发展

生态产业发展中积累的生态优势,有助于带动生态产业的发展。比如,古巴通过有机农业发展观光旅游就是一个成功案例。由于城市人口占全国人口的80%,古巴的有机农业也被称为都市农业。都市农业每年都吸引着大批国际游客前来观光旅游,带动了第三产业的发展。有关资料显示,在古巴经济结构中,旅游业已经是支柱产业,也是古巴第一大创汇产业(Rosset,2005)。近年来,我国有关区域也纷纷开始通过生态资源优势发展绿色旅游产业。随着消费社会的来临,生态优势带动旅游产业发展的势头会进一步加强。

近年来,大公圩地区在经济结构调整过程中,注重发挥水乡特色优势和河蟹养殖中的生态优势发展休闲旅游,带动了相关产业的发展。这种利用生态优势发展旅游经济的策略是延长生态养殖产业链的重要路径。目前,这种休闲渔业产业的经济效应已经初步显现,并为生态产业的可持续发展提供了经济支撑。

休闲渔业产业的发展需要有相应的资源基础,其中,物产资源和景观(landscape)资源最为重要。

(1) 物产资源。作为"江南鱼米之乡",大公圩地区的物产资源丰富,包括优质河蟹、鱼虾以及水生蔬菜等。其中,河蟹是最具特色的地方物产。所谓"秋风起,蟹脚痒",金秋十月,正是菊黄蟹肥、把酒品蟹的时令。近年来，大公圩地区积极宣传当地"秋令江南蟹正肥"的特色，积极发挥河蟹等物产资源的吸引力，带动了以农家乐为主题的休闲旅游的兴起与发展。

（2）景观资源包括两个方面。首先，自然景观。大公圩地区是天然的湿地，圩区西濒长江，右临中国三大通江湖泊之一的石臼湖，圩内具有独特的山水风光。其次，现代休闲渔业资源。大公圩地区积极发挥生态系统服务（ecosystem service）的市场功能，开发了以水上观光为主题的休闲经济，已建成有规模的生态休闲渔业企业4家，年接待游客5000多人次（2010年9月7日，县水产局调查资料）。在休闲渔业基地，水质清澈、水草丰茂、绿树成荫、水鸟翱翔，不仅吸引了游客前来把酒、品蟹、赏景，还吸引了电视剧组前来取景。比如，2003年，央视《平湖秋月》电视剧摄制组就曾到圩内休闲基地取景拍摄。

近年来，大公圩地区物产资源和景观资源的经济效益逐渐彰显。其中，2009年"十一"黄金周期间，仅石桥镇休闲渔业企业的游客接待量就超过2000人次，旅游经济收入约20万元（2010年9月，县水产局调查资料）。虽然目前的经济效益还不是特别明显，但随着休闲渔业基地的建设和相关基础设施的完善，可以预期，大公圩的休闲渔业产业发展前景还是比较可观的。

2. 休闲渔业资源的开拓

休闲旅游是一项新兴产业和"无烟产业"，发展空间广阔。但作为传统的农业区域，大公圩现有的休闲渔业基地规模小，数量有限，对旅游经济的拉动作用尚不明显。鉴于此，大公圩地区自2010年开始着手新建一批休闲渔业基地，力图打造圩区特色明显、生态优美的乡村休闲渔业旅游的示范基地，进而促进休闲产业的快速发展。表5-3是在建的主要休闲渔业项目。

表 5-3 建设中的休闲渔业基地

单位：万元

编号	项目内容	建设时间	投资额	2010年投资
1	水利工程与农产品深加工、垂钓岛等相关工程建设	2010.1—2012.12	18000	5000
2	水上餐厅、水上会议中心、垂钓观光、休闲度假、客房及相应的基础设施建设	2010.1—2011.12	12000	60000
3	水产标准化基地、加工厂房、农业专家大院以及景观大道等相关工程建设	2010.1—2012.12	8000	1500
4	休闲渔业建筑等相关基础设施建设	2010.1—2012.12	3000	1000
5	集科研、培训、标准化生产以及休闲观光于一体的现代农业科技示范园	—	1000	500

资料来源：县水产局、塘南镇农业服务中心、石桥镇政府网站信息，以及2010年9月调查资料。

建设中的休闲渔业基地的功能更全面，一般包括瓜果采摘、垂钓中心、水上观光、特色农产品购物中心、特色餐饮、游船码头、会议中心等多层次服务系统。而且，休闲基地将休闲渔业、水乡文化以及李白文化等地方特色文化有机结合在一起。可见，休闲渔业基地带动的将不仅仅是水乡旅游，更是当地整体的旅游产业发展。

（二）招商引资

大公圩地区的生态养殖不仅直接促进了休闲渔业等旅游产业的发展，也带动了全县的招商引资。自2006年以来，县政府在金秋十月举办"螃蟹节"活动，以此为载体和平台开展招商引资活动。

目前，"螃蟹节"招商引资活动已经举办五届。这里以2009年举办的第三届石臼湖"螃蟹节"为例进行具体阐述。第三届"螃蟹节"签约项目19个，协议内资达45亿元人民币。其中，外资项目4个，协议外资5400万美元、7400万港元。项目涉及现代农业、农业休闲、公共事业、机械制造及冶金压延和新能源、新材料等多个产业（见表5-4）。可见，投资项目不仅有农业项目，还有工业项目。而且，通过"螃蟹节"招到的项目，只有部分农业项目在大公圩地区，其他大部分项目都在县内的工业集中区。因此，"螃蟹节"招商引资活动带动的是全县工农业经济的发展，而不仅仅是大公圩地区或者农业经济的发展。

表5-4 第三届"螃蟹节"期间签约的项目

项目类别	数量（个）	签约资金		
		内资（亿元）	外资（万美元）	外资（万港元）
现代农业、农业休闲	5	24.5	3000	—
公共事业（污水处理）	1	—	—	7400
机械制造及冶金压延	5	3.55	400	—
新能源、新材料	3	9.51	—	—
其他	5	3.2	2000	—
合计	19	40.76	5400	7400

数据来源：基础数据来源于县水产局调查资料，2010年9月。

在19个投资项目中，现代农业与农业休闲项目的数量最多，投资金额最多。在签约项目中，投资金额超过亿元的项目有9个，约占总投资项目的50%。其中，现代农业及农业休闲类别中每一项目的投资金额均在亿元以上。在农业项目中，投资最大的项目达20亿元人民币（见表5-5）。

表5-5 第三届"螃蟹节"期间农业招商签约的项目

序号	项目名称	签约资金	
		内资（亿元）	外资（万美元）
1	当涂现代农业示范园项目	20	—
2	当涂成美农业创业园项目	—	3000
3	七仙综合示范园项目	2	—
4	三宝农业生态园项目	1.5	—
5	当涂现代农业示范园湿地养殖区项目	1	—

数据来源：基础数据来源于县水产局调查资料，2010年9月。

县政府部门不仅在当地开展"螃蟹节"，还以当地的水产资源为依托，积极"走出去"，在上海和南京等地开展河蟹推介暨经贸洽谈会，其实质是"以蟹为媒、招商为要"。比如，在2012年"中国马鞍山·当涂河蟹（上海）推介暨经贸洽谈会"上，全县共吸引投资项目20多个，总投资近30亿元（2013年7月，县水产局调查资料）。

事实上，不仅仅大公圩地区，其他具有河蟹产业特色的区域也都在念"螃蟹经"。比如，北方的辽宁盘山、长江中下游地区的江苏高淳以及南方的江西，都纷纷通过举办"螃蟹节"实现招商引资，进而带动地方经济的发展。正因为其带动效应，河蟹产业已成为我国沿江地区经济发展中重要的增长点。

相对招商引资，河蟹产业本身的产值还比较有限。但正是河蟹产业的附加值或曰带动效应，使它得到了地方政府强有力的支持。因为，地方政府面临发展经济的巨大压力，通过河蟹产业招商引资，有助于完成上级政府下达的关于经济发展的"硬性指标"。在某种程度上，这可以被看作当地政府应对"压力型"政治体制的手段（荣敬本、崔之元，1998：28—56；渠敬东、周飞舟、应星，2009）。当然，地方政府正是在发展经济中体现其政绩的。所以，当河蟹产业成为地方发展的资本时，政府部门会予以积极扶持，这是河蟹产业得以快速发展的重要社会原因。

第六章 民间实践

在产业转型中，政府部门组织相关科研单位积极开展河蟹生态养殖试验并取得了成效，但是政府早期所推广的新型养殖模式遭遇了"水土不服"，而民间社会的实践与探索则获得了成功。民间精英对生态养殖模式的认知与探索，经历了从"生态自发"到"生态利益自觉"的转型。在很大程度上，水产专家后来所确立的生态模式源于对草根实践的提炼与总结，而民间实践根源于水乡文化中的生态遗产。

一 从"自上而下"到"自下而上"

在河蟹产业陷入困境阶段，地方政府和民间社会都在积极探索出路。但两种路线的探索结果不尽相同。"自上而下"所推广的模式本身是一种生态模式，但当将之向大公圩推广、复制的时候，遭遇了"水土不服"。而民间实践则取得了积极成效，其朴素的原理经由技术专家的转化，上升到一定的理论高度，再被推广到生产实践中。在民间实践中，地域性的生态遗产发挥着重要作用。

在复杂多元的社会中，不同的群体孕育了各自的社会观，留下了与自然环境有关的社会表现、态度和行为模式等环境遗产。这些环境遗产主要表现在民间的环境知识中，这一民间环境知识主要包括对自然环境的利用、对人文环境的控制和人与自然的协调理念（麻国庆，2005）。就生态养殖模式的确立而言，地方性生态遗产的影响并不是外显的，而是内嵌于水乡人的认知结构以及他们的生产生活实践,并最终促成了河蟹产业的生态转型。

(一) 政府倡导的革新模式遭遇失败

1. 理想的"稻蟹共生"模式

在河蟹产业陷入困境阶段,当地科研单位积极开展试验并取得了成效。1996年,县水产科研所先后在石桥商品鱼基地和双沟村开展"双百亩"试验,进行鱼、蟹、虾混养,池塘精养,河蟹早繁育大棚培育,稻田养蟹,等等,发挥示范带动作用(当涂县地方志编纂委员会,2012:365)。其中,政府所倡导的"稻蟹共生"模式主要源自对江苏经验的学习。20世纪90年代末期,为促进农民增收和农业增效,江苏泗洪等地改变传统的农业结构,改变过去单纯的农业种植模式,倡导稻田养蟹这种新模式,并取得了显著成效。在河蟹产业陷入困境阶段,当涂县和大公圩有关乡镇政府部门对江苏这种新模式进行学习和研讨后,认为稻田养蟹这种新模式找到了河蟹产业崛起的突破口,从此开始倡导稻田养蟹模式(2011年8月,大陇乡访谈资料)。

实践证明,稻田养蟹确实是一条优化农业结构、促进农民增收的有效路径,也是促进经济效益与生态效益互利共生的有效措施。目前,稻田养蟹这一模式已经在很多地方推广开来,辽宁盘山的稻田养蟹模式成效尤其显著。通过"稻蟹共生"模式生产的大米为绿色食品,价格比普通大米高0.2元/千克。试验表明,养蟹的稻田比不养蟹的稻田效益增加1089元/亩。这种将种稻与养蟹结合起来的模式,提高了土地和水资源的利用率,稳定了农民种粮积极性,降低了生产成本,减少了化肥和农药的使用,经济效益明显提高的同时,社会效益、生态效益也十分显著(中华人民共和国农业部,2009:64—66)。

稻田养蟹模式是一种立体种养模式,在一定程度上,它源自农业社会的稻田养鱼经验。事实上,现代社会很多的生态学原理或理论都是在借鉴传统农业精华的基础上构建起来的。比如,"稻鱼共生"模式作为理论被提出的时间在20世纪80年代,但在农业社会中已经被实践了

2000多年。可见，这种理论本身就是对传统农业中的生态遗产的继承。浙江青田的"稻鱼共生"模式2005年被联合国粮农组织（FAO）确定为首批"全球重要农业文化遗产保护项目"（徐旺生、闵庆文，2008：127—140）。事实上，在大公圩地区，传统社会有稻田养鸭的历史，其与"稻鱼共生"模式是同一原理。通过混养，稻田中的野生水草和害虫成为鸭子的天然饲料，水稻生长中的"除害"问题得以解决。同时，鱼鸭所排粪便也是水稻生长的有机肥（2011年8月，大陇乡调查资料）。很明显，稻田养鸭具有深刻的循环农业思想。不过，这种作业制度现在已经不复存在。

2. 稻田养蟹模式遭遇"水土不服"

2001年前后，为了扭转河蟹产业的困境、实施上级政府所倡导的产业结构调整政策，大陇等乡镇率先实施了稻田养蟹模式。这是一种水稻种植与河蟹养殖互利共生的模式，在江苏泗洪等地已经比较成熟，并提高了当地农民的收入。但是，这种模式在嫁接到大公圩地区的时候，却发生了"水土不服"问题。

尽管政府部门极力推广稻田养蟹模式，极力宣传这一模式的优越性，但是，效果一直事与愿违。在理念层面，当地从未实施过这种养蟹模式，因此，蟹农难以接受这种新模式，也不认可这一新理念。在具体的操作层面，在当时的背景下，人们对种稻与养蟹究竟哪个为主无所适从。如果要种好水稻，根据当地已经形成的经验，就需要打农药、施化肥，这会导致河蟹死亡。如果养殖河蟹，就要为之创造较好的生长环境，不能施肥打药，这势必不利于水稻种植。个别养殖户试图尝试这种新模式，但因为没有掌握技术要领，并没有取得效益，从而加重了人们对这一模式的怀疑和抵触情绪（2011年8月8日，大陇乡访谈资料）。无论在理念层面还是实践操作层面，当地老百姓均不能接受这种新模式，政府部门对"稻蟹共生"模式的倡导和推广遭遇失败。

（二）民间社会对新模式的探索

1. 生产实践中的发现

在"稻蟹共生"模式推广失败之后，当地政府和民众开始新一轮的探索和试验。民众在生产实践中的发现以及在此基础上的摸索最终促成了产业转型。民间的实践是以水草的发现和栽培为基础的,当然,这一过程不是一朝一夕,而是通过日积月累完成的。按照当地养殖精英的回忆,这一发现具有一定的偶然性。

> 河蟹养殖效益低下的时候,我们都是一筹莫展。养殖过程中,因为下暴雨或者围网破损等,有些河蟹逃离了围网,游到了养殖区域外围。有一天,养殖户无意中发现,那些逃到水草丰茂地带的河蟹个个长得硕大肥美,与围网内的河蟹简直是天壤之别。
>
> 养殖户发现后都很吃惊,其中的一些细心人就开始琢磨,看看两个区域有什么区别。他们首先发现两个区域的水草覆盖差别很大,于是,开始参照"野生"区域的环境,改善养殖区域的条件,其核心内容就是培育水草。究竟是谁首先发现这一现象的,现在已经无从知晓。现在看来,应该是一批养殖户的贡献。他们发现这个秘密后,不断地试验和摸索,然后口耳相传,使得这种技术模式不断完善、成熟起来。(2011 年 8 月 8 日,大陇乡技术员访谈资料)

生产实践中的发现,使当地养殖户认识到了水草的重要性,并开始尝试人工培育水草。重视河沟等养殖区域水草培育的同时,养殖户还将稻田开挖成类似池塘或河沟的水域结构,仿造池塘或河沟的水体特征培育水草、养殖河蟹,并取得了成功。当地县志对塘南等乡镇蟹农的探索与实践进行了如实记录:1995 年后,塘南镇的一些水产养殖户从外地稻田养殖取得成功的事例中总结经验,又从活螺蛳养蟹丰收中受到启发,博采众家之长,探索出一套鱼塘栽水草、投放活螺蛳、严格控制蟹苗的投放数量和规格,根据季节投喂动物饲料和植物饲料的方法,精心管理,让河蟹养殖再现辉煌(当涂县地方志编纂委员会,2012:946)。

在此背景下,不同于政府推广的养殖模式由当地养殖户探索出来。这是一种土生土长的模式,最初是由养殖户发现,而后经过水产专家的梳理,上升为理论高度,再将之返回田野,指导蟹农的生产实践。这种模式从雏形到形成再到成熟是一个较长的过程,可以用"星星之火,不断燎原"来概括(2011年8月8日下午,大陇乡政府访谈资料)。事实上,民间实践中孕育着丰富的生态知识,并能对技术专家的学理归纳产生重要影响。比如,约翰·汉尼根(2009:72;Hannigan,2006:68)发现了与之类似的原理:作为公认的有机农业的创始人,霍华德的很多思想来自与印度农耕者的交流,他把这些人称为自己的"教授"。

2. 民间实践的层次

民间实践不是精英人物的个体行为,而是群体行为。民间实践是一个复合型的系统,实践主体是当地从事河蟹养殖的公众。民间实践包括以下三个层次。

(1) 当河蟹产业遭遇困境后的本能应对。当河蟹产业遭遇困境时,生态养殖精英开始反思既有的养殖模式,在养殖理念转变的基础上进行新模式的探索。这是以市场为导向的实践。在大公圩,技术革新发轫于塘南和大陇,是有一定的现实原因的。首先,它们的养殖历史最为悠久,在实践中积累起来的养殖经验最丰富。其次,历史上,这两个地方的养殖效益最好,在困境阶段的亏损也最为严重。因此,积极探索新模式的动力也最充足。

(2) 当政府推动的"稻蟹共生"模式遭遇"水土不服"时,农村精英开始回归本土经验,尊重本土实践。他们在生产生活实践中发现了水草的重要性,于是开始培育水草。就养殖原理而言,他们不能用言语进行准确表达,而是"跟着感觉走",并探索出了成功的转型之路。

(3) 生态养殖的规范化处理。这样的民间实践主体具有较高的专业技术知识和技能,也能将养殖原理娓娓道来。他们在生产实践中将相应的养殖技术原理进行规范化处理,并编制了一些"顺口溜",虽然并未普及开来,但也推动了技术模式的成熟与规范。很明显,这是最高层次的民间实践。

民间实践是一个较长时期的历程,具有一些内在的机制。一是探索创新机制，即民间社会的探索性与创造性的实践活动。二是相互学习的机制，包括区域之间的学习和人群之间的学习，前者主要是向江苏等河蟹养殖效益好的区域学习，后者主要是向养殖效益好的养殖户学习。三是总结梳理机制，即将生态养殖的技术规范化。四是不断完善的机制，即根据生产实践中出现的新问题，对养殖模式进行不断的革新。这种不断完善的机制促使民间实践仍在进行。

3. 民间实践仍在进行

虽然新兴养殖模式取得了成效，初步实现了经济效益与生态效益的兼容，但就河蟹产业的长期发展而言，还有很多问题需要解决。在此背景下，与河蟹养殖产业发展相伴随的民间实践从未中断，至今仍在进行。当然，在民间实践探索的过程中，官方特别是技术方面的探索也在同步进行，二者相互交织在一起，共同谋划河蟹产业的可持续发展路径。

调查发现，民间探索的领域主要集中在以下几个方面。之所以探索这些问题，是因为这些因素或多或少地影响着养殖效益。一是生态养殖水域的动物饲料投放问题。目前，河蟹养殖中普遍投放动物饲料，其中，冻鱼是必不可少的。但是，投放冻鱼对水体的影响较大，会造成污染，并将加剧病害问题。此外，目前，冻鱼投放水体后的利用率偏低。因此，现有的养殖模式仍然需要革新。当地养殖户在生产实践中发现，如果能有效利用河沟中野生的杂鱼代替冻鱼，不但会降低生产成本，而且会减少对水体的污染，并减少河蟹的发病率。但河沟中的杂鱼有限，如何操作亦是难题。同时，部分养殖户也在探索是否有合适的配合饲料，但尚未有答案。所以，这一问题尚未得到解决，仍在探索中。二是水草的合理布局问题。河蟹养殖以沉水植物（伊乐藻、轮叶黑藻、金鱼藻等）为主，水草覆盖率也有不同的标准类型。但是，覆盖率多少最为科学，如何尽可能地精确和量化，都是亟待解决的问题。此外，水产品的配养比例也需要精确计算。三是蟹种问题。蟹种质量好坏将直接决定效益，虽然大公圩有蟹种培育基地，但仍然存在一些问题。一些培育户投入不足或管理不善等，导致蟹种存活率低，病害多。因此，如何培育优质蟹种依然是当地亟待解决的问题。四是水草培育问题。虽然水草的重要性早已家喻户晓，但大公圩没有专门的水草基地。大陇乡的一些技术员已经开始在做试验。笔者2011年调查发现，当地的一名技术员正在培育一块面积为4亩的水草基地，正在这块基地上开展相应的技术革新与试验（2011年8月8日，大陇乡访谈资料）。

直至现在，民间实践仍是正在进行时，并取得了一些新的成效。2013年7月，笔者调查时发现，塘南镇的一家河蟹生态养殖公司已经开始实施优质水稻种植与良种蟹种培育相结合的生态种养模式。可以说，只要河蟹仍在养殖，民间的探索与实践就会与之相伴随，因为生产实践需要养殖户不断完善养殖模式。

（三）民间实践的社会文化背景

不同的生存环境孕育着不同的文化体系。麻国庆（1993）研究发现，处于不同生存环境下的游牧民、山地民、农耕民所拥有的民间环境知识，对于其生存、发展及社区的环境管理，都有一定的作用。水乡环境中也孕育了特定的文化体系。江南水乡生活环境中积累的实践知识和技能，使生态养殖精英对水体生态系统具有某种悟性，这是其开展生态养殖模式探索与实践的知识与文化来源。

生态养殖精英在水乡生活特别是在与水生动植物打交道的过程中习得了很多的知识与能力，这是其早期社会化的历史遗产。他们生活在水乡，从小就喜欢捉鱼摸虾，对当地各种水生动植物的外观、生长周期、生活习性以及生长条件等都非常熟悉。按照生态养殖精英于先生的说法，这些都深深地烙在他的大脑里了。这为其日后的生态养殖储备了必备的知识。

> 我们这里到处都是池塘、河沟和小湖泊，水体中的动植物很丰富。自记事起，我就天天在接触这些，这也是我们水乡人的快乐时光。小时候，我对捉鱼摸虾就非常痴迷，放学后就摆弄这些东西，对它们的生活习性、生长过程等都非常熟悉。不过，也因此荒废了

学业,哈哈……

我们这里开始养殖河蟹的时候,我大概15岁,河蟹养殖就在我的眼皮子底下。可以说,我见证了河蟹产业的兴起、发展以及低潮,对河蟹产业的历史很清楚。河蟹养殖中,人要非常勤奋才行,而勤奋的基础是长期的观察。只有不断观察,才可能知道河蟹究竟喜欢吃什么饵料,也才能知道什么时候需要多投放饵料,什么时候需要少投放饵料。河蟹是杂食性动物,和龙虾差不多,什么都吃。水草少了,就会被吃光,调节水质、以便河蟹隐蔽脱壳以及防暑等方面的功用就没有了;水草多了,又会影响河蟹的生长。这些都需要非常细心的观察才能把握好。而我有这样的生活经历,打小就天天在琢磨这些,对它们再熟悉不过了。(2009年8月26日,塘南镇访谈资料)

由此可见,表面上看,民间实践是生态养殖精英通过不断的实践与摸索而实现的,而内在地则源于水乡生活和生产实践中所积累的生态知识与文化,是对地方生态遗产学习总结的结果。就空间所属而言,这种地域性的水乡文化与生态遗产属于地方性知识范畴。按照克利福德·吉尔兹(2000:273)的解释,地方性知识不仅指地方、时间、阶级与各种问题而言,还指情调而言——事情发生经过自有地方特征,并与当地人对事物的想象能力相联系。地方性知识主要是一种与地域和民族的民间性知识和认知模式相关的知识,与当地知识掌握者密切关联,是不可脱离 who、where 和 context 的知识(吴彤,2007)。在民间实践中,所谓的地方性知识紧密地联系着特定地域的文化结构和人群。但是,这种地方性知识并不是外显的和直接的,它所发挥的作用属于默顿所说的潜功能(latent function)范畴。

正如生活环境主义所主张的那样,根据各个地区的实际情况以及当地人的生活现状和生活智慧,有助于寻找解决环境问题的答案(鸟越皓之,2009:50—51)。民间实践及其探索,正是当地人智慧及社会实践的结果。民间实践主体没有成熟的科学知识和系统的技术支撑,他们实践活动所折射的是对日常生活中的经验与体验的运用。首先，水乡的生活实践让实践者对各种水生动植物的生长规律十分熟悉，并在长期的生活中习得了水生物的生活环境。其次，对不同养殖方式的历时性比较，促使实践者直接洞察了水域生态条件的变化，并根据这种生态条件的差异人工调整水体环境。同时，这种历时性比较也是其实施"种草"、"投螺"、"稀放"和"调水"的重要基础。

（四）民间实践与生态文明建设

在很大程度上，水产专家的现代生态养殖模式来源于对生态养殖精英技术革新与实践的提炼与梳理。

> 理论来源于实践，水产专家所总结出来的那套生态养殖模式，就来源于对我们最初实践经验的总结与提炼。（2011年8月，塘南镇养殖户和大陇乡水产技术员访谈资料）

水产专家所确立的生态养殖模式不仅仅是现代生态学原理的应用，更不单纯是实验数据分析的结果。在生态养殖这副"药方"开出之前，他们做了大量的社会调查，深入研究了养殖产业的发展历程。他们所提交的《河蟹产业振兴报告》中凝聚了当地养殖户的实践经验和本土知识。由此可见，"地方性"与"现代性"并不矛盾，而且是"现代性"的基础。

民间实践和本土知识为生态养殖模式的形成奠定了基础，但这种模式仍是在现代技术融入后最终成型并普遍化的。以于先生为代表的生态养殖精英认为：

> 虽然我们当初的试验具备了后来生态养殖模式的基本内容，但这种探索是不完善的、不成熟的，只是局部地区的实践经验。科研系统的水产专家前来调查分析后，经过理论与实践的结合，所总结出的"种草、投螺、稀放、配养、调水"这套模式具有更系统的价值和更普遍的意义，在推动生态养殖普遍化和大众化中所发挥的功

能更大。(2009年8月26日，访谈资料)

古巴解决化学农业弊病的实践同样体现了这一逻辑。他们由化学农业向有机农业的转型过程，既是对先民智慧的返璞归真，也是对现代科技的积极应用。在苏联阵营存在时期，古巴智力资源得到了很好的发展。尽管古巴人口只占拉美人口的2%，科学家数量却占拉美的11%。他们的科学家和研究人员在这种危机面前提供了创新性的对策（Rosset，2005）。可见，在生态模式的确立与生态产业的发展中，本土知识与现代生态科技都不可偏废。

需要指出的是，在现代性的语境下，单纯地讨论地方性的生态遗产和知识往往缺少可操作性。它们虽然具有丰富的生态智慧，但是并不具有系统性，在现代生产体系下，难以直接发挥功能。此外，传统的本土知识往往存在利用效率低下等问题，在环境危机面前难以发挥出快速的治理功效。也许正因为如此，很多区域性的生态知识与生产方式没有得到有效的保护。而与此相对照的是，现代生态技术具有系统性和完整性，可操作性更强，也更容易实施。

但是，综观有关生态养殖模式形成和发展的历程的总结，无论是官方的话语体系（政府部门的工作总结、专题汇报材料，等等）还是各级媒体话语体系（新闻报道），所述基本都是技术专家及其技术发明与推广的贡献，而民间精英的生态实践往往被有意无意地忽略了。当然，这与本土知识的隐性而不是显性的特征有关。事实上，在现代社会，民间精英以及地方性知识基本上都处于式微状态。汉尼根在研究中也发现了类似的问题。北方社会的土著居民积累了非本地观察者无法得到的关于环境的第一手资料。例如，生物学家在评估超大型项目对加拿大北部河流的生态影响时，可能会忽视很多鱼种的存在，就是因为生物学家不想麻烦熟知那片土地的居民，所以没去咨询他们（约翰·汉尼根，2009：72；Hannigan，2006：69）。

生态文明是现代社会所建构起来的新型文明形态。在生态文明建设中,"外来的和尚好念经",现代生态科技在话语体系中已占据绝对优势,而本土知识被有意或无意地忽视了,很多本土的生态知识在现代性的"蚕食鲸吞"下难以为继。[①]这种格局不但无益于生态文明建设,反而会恶化生态系统。王晓毅(2010)的研究发现,从社会学的角度去观察农村环境问题时,我们看到了两个重要问题,就是知识和权力结构。由于农村的知识逐渐让位于外来的知识,农村的权力结构也发生了变化,外界的力量在农村取得了越来越强的支配权力。知识和权力的转移是导致农村环境问题的重要原因。研究表明,现代社会"自上而下"的模式往往破坏了那些人与环境和谐相处的知识体系,而环境政策的"技术化"和"简单化"也会导致"自上而下"干预模式的失败(王晓毅,2009)。同时,依靠国家"自上而下"地实施生态环境保护的成本往往很高,效果却未必尽如人意。简单的"一刀切"政策往往不能解决生态环境保护中复杂的生态和社会关系问题(王晓毅,2013)。

在大公圩,生态养殖中的本土知识虽然被淡化了,但在实践中还是得到了借鉴和应用。在环境治理方面,大公圩地区已经注意到生态养殖中积累起来的本土知识及其生态价值,积极发挥生态养殖的环境治理功能,并明确将之列为水环境治理的重要措施。安徽省·水利部淮河水利委员会水利科学研究院编制的《马鞍山市大公圩水环境综合治理规划》中,就将生态养殖作为圩区环境治理的非工程措施(2008年8月22日,县水利局调查资料)。此外,有关乡镇在环境治理中也借鉴了生态养殖

[①] 在现代社会,忽视本土知识的现象非常普遍。比如,在传统社会,大公圩在水患治理中有一套民间措施,而且蕴含了朴实的生态智慧。为防夏季水势对圩区的威胁,提高河堤的抗洪能力,先民们积极运用生物措施护养堤坝。栽植蓼、龙骨草、蒲、菖蒲、芦苇等是重要的生物护堤措施。据《当邑官圩防修汇述》记载:蓼和龙骨草是同一种护堤植物,高大者为龙骨,细矮者为蓼,当地有"湖滩若生此物,堤畔即无风浪"的说法。蒲、菖蒲生水泽中,高六七尺,纵横茂盛,亦可抵御风浪。蒲可织席,菖蒲叶子似剑,尤易入地存活。所生之处,可以护堤。据《当邑官圩防修汇述》记载:官圩东畔自横湖至花津堤长百里,濒近三湖,沿滩栽柳,以防坍塌,且御风浪。宋朝诗人杨万里路过丹阳湖曾写下:"夹岸垂杨一千里,风流国是太平州。"参见赵崔莉(2006:162)。很明显,这种生物措施不仅有助于护堤,也有助于维护生态系统平衡。然而,这些措施在现代社会已经式微,被各种工程措施替代。

的生物修复功能。比如，塘南镇已经通过种植水草、投放螺蛳等措施，治理河沟等污染水域1000公顷。2010年9月，笔者在塘南镇调查期间，发现该镇正在实施的集镇污水处理项目也应用了生物修复技术（2010年9月6日，塘南镇调查资料）。这是一个应用生产实践中积累起来的本土知识的很好案例。

时下，生态文明建设正处于如火如荼的热潮中，各级政府对之都予以了高度重视。治理环境问题，建设生态文明，离不开现代生态技术，但也绝对不能忽视当地人的传统知识和生态智慧。在生态文明建设中，外源的技术并不稀缺，如何恰到好处地应用本土知识则显得格外重要。

二 从"生态自发"到"生态利益自觉"

生态养殖模式的确立是"自下而上"和"自上而下"两条线路交会的结果。就产业发展而言，"自上而下"的技术推广与官方的产业规划发挥着关键作用，是河蟹产业迅速崛起并发展壮大的根本原因；而从历史渊源来看，"自下而上"的民间探索和草根实践要早于"自上而下"的官方推动。

早在当地政府和科研单位开展"产学研"合作、研究河蟹产业出路之前，就有一批土生土长的民间养殖精英和水产工作者反思当地的养殖方式，探索式地进行了新型养殖方式试验，并取得了成功。虽然这只是从经验出发对生态养殖方式的探索，没有上升到理论的高度，但是，这种草根式的探索和实践仍然具有十分重要的价值。一方面，其试验本身具有朴素的生态思想，并且已经具备了后来水产专家称之为水产"当涂模式"的雏形；另一方面，他们在促进当地社区实现由粗放型养殖模式向生态型养殖模式转型的过程中发挥了积极的示范和引导作用。

（一）反思和比较中形成"生态自发"

1. "资源"和"环境"进入潜意识

在水系纵横的江南水乡，水就像是大自然的恩赐，俯拾皆是。捕鱼、捉虾和摸蟹，几乎是每一个水乡人都具备的基本生活技能。20世纪80年代，通过水面养蟹，大公圩地区的人们富了腰包，鼓了钱囊。按照养殖户的回忆，当时只要能搞到水面，就肯定是赚钱的。在当时的社会背景下，养殖户的知识结构中不但没有"生态"、"环境"这样的概念，更不会有所谓的生态养殖意识。直到粗放型的养殖方式不但造成水域严重污染和资源严重破坏，而且导致养殖效益严重下滑甚至亏损的时候，他们中的生态养殖精英才开始觉得好像是哪儿出了问题。

生态养殖精英的引领在生态转型中扮演着重要角色。没有这种精英，生态—经济双赢的产业或社区就不可能出现（陈阿江，2009）。早在政府"自上而下"地推动生态养殖之前，当地的生态养殖精英就在反思既有的养殖方式，并开展了相应的试验。笔者以生态养殖精英中的典型代表人物——兴村"生态养殖第一人"于先生为例，对他们的生态实践进行研究。于先生是一个善于思考和勤于总结的人，通过对比20世纪80年代以来养殖水面的变化，他有了"水脏"和"水干净"这样的感官印象，有了水草丰富和水草匮乏这样的直观感受。在前后对比中，"知识"和"环境"进入了他的潜意识，并最终形成了他所谓的"灭绝性养殖"这样的术语。

"灭绝性养殖"的那些年，我们家①的河蟹养殖非常糟糕。即使不说河蟹死亡和亏损，就是那些存活下来的螃蟹，规格也很小，甚至出现卖不掉的情况。当时，太深奥的东西我也搞不懂，里面究竟有什么污染，我当时压根儿什么都不知道。我之所以想到养殖方式的转型，主要是靠感官。就是对比以前的养殖方法，想想刚开始养殖的时候，凡是能承包到水面的就能够赚钱，后来为什么赚不了多少钱甚至亏损？为什么以前养的河蟹大、口感好，而现在规格小、口感差了呢？

---

① 在当地，"家"是一个可大可小的概念。最小的边界指的是一个具体的家庭，大的边界指的是当地人的家乡，可以是村落，也可以是乡镇乃至县域。

这种思考与分析也是被迫的。我们生活于水乡，靠水吃水，养蟹已经是重要的生计来源。既然靠河蟹养殖吃饭这条路遇到了困境，就不得不寻找出路，看看到底是哪儿出了毛病。俗话说："穷则思变，变则通。"于是，我就回忆过去，和养殖效益好的时期比较，和养殖效益好的地区比较……经过这样不断的比较，我慢慢觉得是我们养殖区域的水出问题了：水不干净了，变脏了；水里面的水草和螺蛳等资源没有了；水里面放养的苗种太多了。后来，我认为这是养殖方式出问题了，这就是"灭绝性养殖"方式。（2009年8月10日下午，塘南镇访谈资料）

在于先生的对比分析框架中，养殖水域生态条件的变化（见表6-1）让他意识到"人放天养"的养殖方式不能再持续下去了，需要回归到之前的水域生态条件中。事实上，这种比较是很多国家生态农业发展起来的一般路径。比如，古巴有机农业的发展就是在比较和反思中产生的。在革命政权建立至苏联解体这段时间，古巴农业是以化肥、农药和杀虫剂大量投入以及机械化的生产为特征的。同时，农业生产中是单一种植。苏联解体后，古巴不但再度爆发粮食危机，也面临经济危机。在应对粮食危机中，古巴人想起了祖先的生态智慧，重新启用古老的技术——农业混合作业（间作）和生物施肥，并利用生物多样性对付病虫害，这是在现代化学物质出现之前，他们的祖祖辈辈一直使用的方式。这不但解决了粮食短缺问题，也促使古巴走上了有机农业的发展之路（Rosset, 2005）。

表6-1 生态养殖精英对不同时期的水面条件分析

时间	水草、螺蛳	放养密度	水面干净与否
20世纪90年代之前	特别丰富	较低	很干净，能直接饮用
20世纪90年代中后期	特别匮乏	越来越高	水面很脏，甚至发臭

2. 对比试验的开展

正如同马克思所说的，当工人以为自己的贫困是由机器和厂房造成的，并不了解其根源时，其最初的阶级斗争是以砸机器等为特征的自发斗争。生态养殖精英于先生对生态的认识也具有这种特质。在感到"灭绝性养殖"方式导致水草和螺蛳匮乏的时候，他首先想到的是改变这种养殖方式，修补水中缺失的资源。于是，他开始种植水草、投放螺蛳。但他这时并没有明确的生态意识，也不明白这样做的生态原理。这种理念和做法只是基于经验层面比较和分析的结果。这种尚不具有明确的生态养殖理念的个体浅层生态观，可称之为"生态自发"。"生态自发"只是基于经验层面的认知，是一种感性认识。

1997年前后，于先生已经开始比较系统地在养殖水域中培育水草和螺蛳，但没有引起共鸣。周围养殖户认为花钱承包水面后，不养河蟹而养水草和螺蛳的行为是亏本买卖，是不划算的。比如，他曾从鄱阳湖购买了24吨螺蛳投放养殖水域，共计8000元。这是一笔很大的投入，周围人都不理解。他的母亲也为此做过近乎无可奈何的评价："人家养螃蟹，你养螺蛳啊！"而修补水体中的水草和螺蛳究竟是否正确，他自己也并不十分明确，毕竟还没有现成的经验可循。三年后的对比性试验，让他坚定了这种信念。2000年，他承包了两个水面。一个位于塘南镇兴村，150亩；另一个位于大陇乡南村，175亩。①两个不同的水面，水体资源差别很大：兴村的水面由于长期粗放式养殖，水质很差，水体资源已经消耗殆尽；而南村的水面水质相对较好，水体资源也比较丰富。在这两块水体生态条件本来就有很大差异的水面，他实施了两种不同的养殖方式。兴村的水面由于承包期即将结束，他本人也没有继续承包的意图，采取的是和其他养殖户一样的养殖方式；而在南村的水面中，他尝

---

① 为了发包和竞标方便，这块大水面被人为地划分成了两块小水面，其中一个100亩，另一个75亩。这两个水面是连着的，只不过中间用围栏分开了。近年来，大公圩地区本来相通的、流动的水系纷纷被人为地截断了——为便于水面发包，很多天然的大水面被人为地分割成小水面，中间用泥土筑坝，形成了独立的水域。同时，很多河道也被围网，形成了所谓的"霸王养殖"。天然的大水面、流动的水体是有利于污染物稀释的，正所谓"流水不腐"。但水系被人为截断后，活水变成了死水，这不但影响了正常的水体流动与交换，也限制了污染物的稀释。长期来看，水系的破坏对生态系统的影响很大，必须引起高度重视。

试了新型养殖方式。首先，投放螺蛳。虽然水体中有一些螺蛳，他仍然投放了10吨。其次，实施水面"抛荒"措施，圈养了50亩水面不养殖任何水产品而专门用来培育水草。①按照于先生自己的解释，圈养的水面就是实施生态养殖的"草库"。"草库"当年培育出120船金鱼草，这些水草全部被投放到河蟹养殖中。当年，这种养殖方式就获得了成功，而兴村水面则几乎没有经济效益。这在当时引起了不小的震动。但是，第二年，因为于先生"溺爱"水草，导致水草覆盖率过高（70%左右），造成水体富营养化，影响了河蟹正常生长。这让他懂得了水草并不是越多越好的道理。于是，第三年，他就学会了合理控制水草（水草覆盖率40%左右），并获得了丰厚的养殖效益（2009年8月26日和2010年9月5日，塘南镇访谈资料）。

生态养殖精英的探索和实践与其自身的性情有很大的关系。当地人对他的社会印象/评价近乎刻板，普遍认为他有两个显著特点。首先，生态养殖技术水平高，这在当地是有目共睹的。因为在河蟹产业转型和生态养殖中发挥了很好的引领作用，他2007年还被评为省级劳模。其次，观察和总结能力强。正如技术指导员对他的评价：

> 他是一个非常善于思考、勤于总结的人，当发现返璞归真的方法能赚钱，他就懂得了尊重自然、保护水环境以及培育水体资源的重要性了。于是，他就沿着这条路走下去，养殖效益越来越好，生态养殖的经验也越来越丰富。（2009年8月10日下午，塘南镇农业服务中心访谈资料）

在于先生本人看来，直观的观察和比较是他走向生态养殖之路的基本路径。事实上，这种总结、摸索和实践是一种学习机制，不但是当地一批生态养殖精英的写照，也是农村精英的一般成长路径。陈阿江

---

① 当时，两块水面的交界处有3亩水面拥有比较多的金鱼藻和一些杂草。他以这块交接水面为核心，向外拓展，然后圈起来，不养殖任何水产品，而专门培育水草。

(2000：192—199）所研究的农村精英对技术采用的案例也具有这种特征。

通过历时性和区域性的比较，特别是这个对比性试验，于先生在认识论层面豁然开朗：以前养殖效益好是因为水体资源丰富、水质清澈见底，而现在效益差是因为水体资源严重匮乏、水质受到严重污染。那么，如何振兴河蟹产业？必须重视水域环境的调节与保护。具体地说，就是要改变以前的"人放天养"的"灭绝性养殖"方式，实施种植水草、投放螺蛳等调节养殖水面的水质的新型养殖方式。同时，他在养殖中开始套养鳜鱼、黄白鲢等水产品。用他的话语来说就是，生态养殖要注意生态种类的多样性及数量的合理搭配。比如，养黄白鲢不仅是为了经济利润，也是因为它可以吃浮游动植物，是水体的清洁工。这种养殖实践就是水产专家后来所总结的"种草、投螺、稀放、配养、调水"的基本内容。

（二）"生态利益自觉"及其逻辑机制

1. "生态利益自觉"的形成路径

在生态养殖精英于先生自己看来，他对"资源"和"环境"的认知来源于水乡的生活经验，新型养殖方式的探索肇始于其对当地养殖历史和经验教训的总结。从认知阶段上来说，这些还属于感性认识阶段，也是理性认识的初级阶段。

正是靠着这种感性认识，于先生的知识机构发生了变化。他固有的知识体系中本来并没有"资源"和"环境"这些元素，但在纵向和横向的比较与观察后，"资源"和"环境"开始进入其潜意识（1997年前后）。2000年对比试验的开展，促使"资源"和"环境"由潜意识进入意识层面。后续几年试验的开展，让他懂得了如何恰到好处地处理水草和螺蛳：它们只是实现养殖效益的必要条件而不是充分条件，并不是越多越好。在此背景下，他的生态认知结构也得到了优化。但是，这仍然只是经验层次的认识，于先生本人仍然没有理解他所探索的新型养殖方式的机理以及水域生态平衡这些问题。2002年开始，随着"河蟹振兴工程"

的实施，全国水产系统的专家学者纷纷前来宣传生态养殖理念、提供技术指导和服务。在这种社会背景下，他接触了大量的技术信息，确信了自己的探索是正确的。更重要的是，在技术学习中，他明白了新型养殖方式的原理，生态认知完成了从"感性"到"理性"的飞跃，进入"生态利益自觉"阶段（见图6-1）。

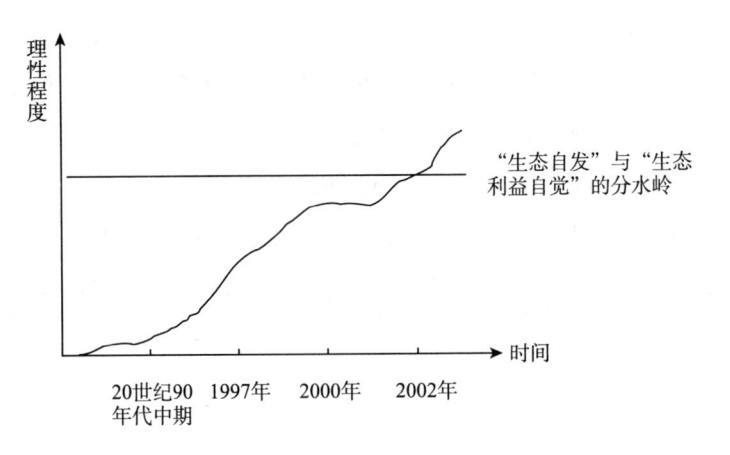

图6-1 于先生的生态认知路线图

当然，这种"生态利益自觉"还是人类中心主义的"生态利益自觉"：自觉意识到生态或环境的"外部性"可以给系统（企业或社区）造成经济损失或带来经济收益。但"生态利益自觉"兼顾了人类短期利益和长期利益、"我"的利益与"我"之外的环境利益（陈阿江，2009）。"生态利益自觉"机制的形成，具有三个特征。一是源于蟹农自身的生存危机，即"靠水吃水"遭遇危机，从而引起反思性的生产实践与技术革新，环境意识也经历了从无知到自觉的转型。二是源于农村精英在生产生活实践中逐步形成的有关人与环境关系的认识系统。不少学者强调"日常知识"（ordinary knowledge）的重要性，认为关于环境的实际经验和知识往往来源于日常生活体验。这种知识更多依靠的是对日常生活敏锐的观察，而不是专业技术。这样的"日常知识"通过当地草根阶层的呼吸，饮水，耕田，采集林作物，在河、湖、海里捕鱼，日积月累而形成（约翰·汉尼根，2009：72—73；Hannigan，2006：68-69）。

就河蟹产业转型而言，生态养殖精英在生产生活中逐步形成了一定的环境意识和价值判断，自觉意识到粗放型养殖的危害性以及环境保护的重要性，进而调整自己的养殖模式和环境行为，采取了与水域生态系统相对和谐的生产模式。三是以经济效益为核心。对生态养殖精英而言，其"生态利益自觉"的确立是因为"靠水吃水"，是为了扭转养殖效益困境而不得不去反思的结果，是以追求经济效益为初衷和核心的资源环境观和行为模式。

"生态利益自觉"理念确立后，生态养殖精英于先生行动的目的性和方向性变得十分明确，并能理性地预期到行动的结果。不仅如此，生态养殖精英的"生态利益自觉"行为还对周边的养殖户产生了积极影响。无论是他的试验效益还是积极尝试新技术的态度，都引导着左邻右舍对新型养殖方式的选择。比如，2003年，他在承包的158亩水面中，投入了60吨螺蛳和800吨金鱼草（400船，每船2吨），投入量如此之大，轰动了整个塘南镇。这种敢于投入的行为对于引导当地养殖户转变养殖方式起到了示范和带动作用，由此可见，精英的实践影响了周边的社会系统。

2. 生态养殖精英的资源环境观

笔者于2008年1月、2009年8月上旬和下旬以及2010年9月上旬前后四次对于先生进行专访。每次访谈，"资源"与"环境"都会不时地从他嘴里说出来，几乎是他的话语体系中出现频率最高的词语。那么，他的资源环境观究竟是什么样的？

简单地说，生态养殖精英的资源环境观就是"要想赚钱就要先养生态"，由单纯索取转为保护资源与环境。其中，环境指的是水质，就是水不能被污染。一旦水域被污染，河蟹养殖就难逃亏本命运。资源主要是水草和螺蛳等水生生物资源。它们既是河蟹生长所必需的天然饵料，也是水体清洁工。它们和混养的各种鱼虾形成了环环相扣的生物链，共同维护水域生态系统的平衡。当然，如果细究，内部是很复杂的，比如，水草分为春季草和秋季草，不同季节需要用不同的水草覆盖。同时，水草和其他生物资源也是相互制约、相互影响的关系。比如，螺蛳的生长就需要适宜的水草提供栖息环境（2009年8月10日和8月26日，塘南镇访谈资料）。

于先生的生态养殖修复了养殖水域的生态条件，使得水再次清澈见底，能够直接饮用。而且，那些曾经污染严重、无人愿意承包的水面也因为生态养殖的实施而身价倍增，成为"香饽饽"。在此，于先生本人集合了成功的竞标者与失败的竞标者两种社会身份。成功的竞标者是指，他会出比一般人高的竞标价，承包一个污染较重的水面，按照当地的话语体系，他是一位"标王"。失败的竞标者则是指，自养殖河蟹以来，他从未连续承包过同一个水面。因为通过生态养殖把水体环境调节好之后，总有人会给出比他更高的竞标价承包他养殖过的水面（见表6-2）。

表6-2　生态养殖精英于先生实施生态养殖前后的水面竞标价

地点	面积（亩）	承包当年竞标价（万元）	五年后重新竞标	
^	^	^	于先生的竞标价（万元）	最终竞标价（万元）
南村	100	4	9	13.9
南村	75	4.2	6	7.9
兴村	158	8.1	22.6	26.8

生态养殖精英于先生承包过的水面在五年后再次竞标时，价格比原来的竞标价高出许多。如表6-2所示，他2000年在大陇南村试验的两块水面，之前村里的发包价是7.9万元，没有人愿意竞标。他去后，增加了0.3万元，以8.2万元拿下这块水面。五年后承包到期重新竞标时，他自己将竞标价提高到15万元，可还是失标了。其他养殖户认为那两块水面生态条件很好，纷纷抬高标价。最终，这两块水面以21.8万元的高价成交。2003年，他在兴村以8.1万元承包了面积为158亩的水面。通过生态养殖，不但修复了污染较重的水环境，而且水草茂盛，螺蛳满塘。2008年1月，笔者调查时发现，周边居民直接在养殖水面中淘米洗菜，还用水桶挑水回家用。笔者在他的蟹棚中做客时发现，做饭和炒菜用的

水全部来自蟹塘。2008年11月重新竞标时，他将这块水面的竞标价提高到22.6万元（提高了1.8倍），结果还是失标了，别的养殖户给出了26.8万元的竞标价（提高了2.3倍）。对此，于先生既有些心痛也很坦然。心痛的是，那些水面都是他精心调节的，很舍不得，但是别人看到水面生态条件变好了，一次性竞标价比他高，自己没办法只能退出。坦然的是，他认识到不必一味地提高竞标价，反正自己能够把水面的生态条件修复好，这样即使承包一条臭水沟，也不用太担心。他2008年11月投标、12月31日开始经营的284亩水面，是以15.6万元的竞标价拿下的。这块水域之前用于养殖珍珠蚌，被严重污染，水体内几乎没有水生生物资源。2009年8月底，笔者前去调查时，他已经投放了75吨螺蛳，但水质尚未根本好转。他相信，只要按照生态原理养殖，一定可以修复养殖水域的环境（预计要1年时间），并得到丰厚的经济回报。2010年9月上旬，笔者调查时发现：2009年的养殖几乎没有效益（纯收益只有几万块钱），但水质已经得到了明显修复，预计2010年能产生显著的经济效益。但他预期五年承包到期后，别人还会出更高的竞标价，届时自己又要离开这里，转移他处，重新承包水面。

（三）"生态利益自觉"的普遍化

1. 从"独木不成林"到"漫山遍野"

生态养殖现在已经是普遍性的社会行为。但是，2000年前后，很少有人会"种草"、"投螺"。放养这些"无关紧要"的东西在那时候是傻瓜行为，是亏本买卖。生态养殖精英曾试图告诉他们，水域环境被破坏后，河蟹养殖就会亏损，但是很少能引起共鸣，只有身边的少数亲戚和朋友在劝说下尝试着这么做。于先生的感受是，那时候的试验是"曲高和寡"，"独木不成林"（2009年8月10日，塘南镇访谈资料）。

生态养殖精英认为自己的力量是非常有限的，只能在养殖实践中通过养殖效益这条"实践是检验真理的唯一标准"来影响周围人群。但这在初期毕竟是有限的。生态养殖是如何从个体行为成为社会行为的？以于先生为代表的生态养殖精英认为，这主要归因于政府，是政府与水产专家让"独木不成林"的新型养殖方式变成了"漫山遍野"的普遍行为。2001年春,塘南镇在三级(县、乡镇、村)干部会议上,专门安排当地的生态养殖精英讲解新型养殖技术,包括于先生在内的五名养殖精英应邀讲解自己的养殖经验以及对养殖产业的认识。除此之外,镇政府还从外地引进伊乐藻等水草草种免费发放给养殖户,提供生态养殖信息。2002年开始,经过县政府的系统规划,实施"河蟹产业振兴工程"等项目,邀请中国科学院、中国水产科学研究院、中国农业科学研究院、中国海洋大学、上海海洋大学、南京农业大学等单位的水产专家前来谋划河蟹产业的出路,并进行系统的生态养殖宣传和生态技术指导、培训。自此,"生态利益自觉"开始走出个体,成为群体性的社会行为,"与过去不同,现在,想让养殖户不实施生态养殖,已经变得不可能了"(2010年9月,县水产局和塘南、大陇等乡镇访谈资料)。

2. "生态自发"与"生态利益自觉"的比较分析

生态养殖模式的确立是集体智慧的结晶,是农村生态养殖精英和当地政府以及专家共同努力的结果。其中,农村精英"自下而上"的技术革新与试验促进了社会层面的生态养殖,从"生态自发"到"生态利益自觉"是他们对生态养殖的认知路径。

笔者从认识论、认识阶段、路径方向、与外力的关系、对结果的预期以及行为群体等六个方面对二者进行分析阐释(见表6-3)。①从认识论来说,"生态自发"是经验主义(empiricism),而"生态利益自觉"则是理性主义(rationalism);②在对生态养殖的认识阶段上,前者是感性认识阶段,后者是理性认识阶段;③在如何实施生态养殖的路径方向方面,前者没有明确的路线,处于不断试验和探索过程中,而后者已经懂得了基本机理,有了明确路径和方向,并懂得经济效益与环境效益的相互制约关系,具有明确的目的性和计划性;④在与外力的关系方面,前者几乎没有受到或者很少受到外力的影响,是生态养殖精英在一定的环境—社会系统内自发产生的行为,后者则受到政府和水产专家明确的引导;⑤在对新型养殖结果的预期方面,前者由于没有可供借鉴的直接经验,处于试验中,不能预期结果,而后者则能预期结果;⑥从行为群体来说,前者是个体的、分散的,是少数生态养殖精英的个体行为,后者则是具有普遍性的群体行为。

表6-3 "生态自发"与"生态利益自觉"的基本维度分析

	生态自发	生态利益自觉
认识论	经验主义	理性主义
认识阶段	感性认识	理性认识
路径方向	不是很明确,不断探索中	方向性明确,具有明确的目的性和计划性
与外力的关系	没有受到或很少受到外力的影响	受到政府和水产专家等外力的引导
对结果的预期	不能或者难以预期结果	能预见到生态养殖的结果
行为群体	个体的、分散的	群体性、普遍性

从"生态自发"到"生态利益自觉",体现了民间精英在认识生态、促进产业转型方面的探索轨迹。目前,无论是普通养殖户还是当地政府,都具有了比较明确的"生态利益自觉"。

第七章 社会文化效应

环境—社会关系是环境社会学的经典研究议题,前文阐释了生态产业何以发展的社会文化机理(第三、四、五、六章),即"社会"对"环境"的影响。本章研究生态产业发展引起的社会文化效应,即"环境"对"社会"的影响。

一 以河蟹产业为媒介的地域社会

河蟹生态产业的发展不仅促进了经济效益与环境效益的双赢,也影响了地域社会,使产业影响所及人群构成了有联系的整体性社会。这样的整体性社会是一个以河蟹产业为媒介、深受河蟹产业影响甚至依赖河蟹产业的特色地域社会。

(一)从项目社会到特色地域社会

1. 项目社会评价与项目社会

笔者关于"以河蟹产业为媒介的地域社会"的阐释框架得益于对"项目社会"的研究。"项目社会"是社会学家和人类学家在项目社会评价或者社会影响评价(Social Impact Assessment,简称 SIA)研究中提炼出来的学术概念。项目社会关注项目实施后所引起的社会性影响,如社会结构和社会关系的变化等。

在西方,社会影响评价研究集中在两个方面。①农村社会学家和环境社会学家的学术研究。他们分析的是环境问题和技术问题的社会影响和社会后果。比如，弗罗伊登伯格（Freudenburg，1986）从环境社会学角度进行的研究认为，社会影响评价是科学和政治程序的混合产生物，是对环境退化、技术社会效应的社会关心增长的结果。社会影响评价也吸收了社会学的其他传统，比如人类生态学、社会变迁、社会问题、社会指数和评估研究等。②世界银行等国际投资机构的社会学家和人类学家开展项目社会分析的重要内容。他们认为，长期以来，项目投资活动仅仅被看作经济投资活动，而对里面的社会事项关注不够。Cernea（1996：11）认为，所有的项目都是一个社会历程（social process），而不仅仅是一种商业投资。他们在项目社会分析中关于社会事项特别是弱势群体的调查和分析，对促进项目实施后的负面效应最小化发挥了十分重要的作用。

国内社会学家关于项目社会影响评价的系统研究，源于他们在世界银行和亚洲开发银行等国际发展机构实施的贷款项目中所开展的项目社会分析。至今，这一领域仍然是项目社会影响评价的重要内容。陈阿江（2003b）在研究中直接提出了"项目社会"这一概念。他将社会评价研究划分为两种范式，即社会学范式与技术经济范式。社会学范式的社会评价研究与经济学范式不同，其主题是整体的社会，即"项目社会"。项目社会虽然与地域有联系，但就本质而言，它并不是某一地域上所有人群所构成的社会，而是在某一地域内，由项目影响所及人群所构成的社会。项目社会之所以能够成为社会，是因为项目使相关人群形成了一个有联系的整体社会。他认为，社会学范式的社会评价研究始终关注项目中的人、组织及因项目而形成的社会。这一论述对项目社会影响分析和相关的经验研究具有重要的指导价值，不少项目社会研究报告都应用了这一思想。

2. 大公圩地区实施的生态养殖项目

在重振河蟹产业的过程中，大公圩地区自2002年开始实施了一系列的生态养殖项目。其中，"河蟹产业振兴工程"、"河蟹产业提升工程"两大发展项目是基础，它们不仅奠定了生态养殖的产业发展方向，也为后续争取农业部、财政部、科技部等国家部委的科技项目和农业科技成果转化基金项目奠定了基础（见表7-1）。

表 7-1　大公圩实施的具有代表性的生态养殖项目

单位：万元

序号	项目名称	项目隶属	起讫时间	总投资
1	全国渔业科技入户示范工程	农业部	2006—2010 年	100
2	河蟹养殖质量安全控制技术集成与示范项目	农业部	2008—2010 年	1300
3	"名特优水产品可持续发展养殖技术服务体系建设"项目	科技部 财政部	2007—2009 年	2482
4	"特种水产养殖星火科技专家大院"建设项目	科技部	2003—2008 年	—
5	河蟹标准化示范县项目	农业部	2007—2009 年	20
6	河蟹代用饲料（福寿螺）繁育技术研究项目	马鞍山市	2004 年	5
7	河沟生物修复与生态养殖技术研究与开发	马鞍山市	2005 年	20
8	河蟹产业振兴工程	当涂县	2002—2005 年	6700
9	河蟹产业提升工程	当涂县	2005—2010 年	28069
10	水产技术人才提升工程	当涂县	2008—2010 年	10

数据来源：基础数据由县水产局提供，2010 年 9 月调查资料。其中，"河蟹养殖质量安全控制技术集成与示范项目"是一个大项目，投资对象涉及苏皖等省的多个县。

表 7-1 所列 10 大项目只是诸多生态项目中的典型，实际实施的项目远不止这些。这些项目的实施对河蟹生态产业的发展产生了深远影响，它们不仅为产业发展提供了资金、技术和人才资源，更对地域社会产生了影响，形成了以河蟹产业为媒介的特色地域社会。但笔者这里的社会影响分析是将河蟹生态产业在整体上看作一个项目，研究的是产业发展这个大项目而不是某个具体的生态养殖项目的社会影响。正是在这个意义上，笔者下文使用的是产业影响，而不是项目影响。但是，毫无疑问，项目社会以及项目社会影响分析对笔者的分析框架具有直接的影响。

（二）特色地域社会的框架体系

当前，大公圩地区呈现一片"蟹天蟹地"景象，"蟹兵蟹将"成长为大产业。"河蟹衰，水产衰；河蟹兴，水产兴"，河蟹产业兴衰已经成为水产经济乃至农业经济兴衰的"晴雨表"和"温度计"。同时，地方经济社会发展深受河蟹产业影响甚至依赖河蟹产业，这种受影响后的地域社会可看作一个社会子系统。

从社会学角度而言，社会由人群组成，是以共同的物质生产和生活活动为基础，共享一定的文化而相互联系的有机整体。笔者所谓的以河蟹产业为媒介的地域社会，是由特定人群所组成的具有特定结构和某些文化特征的地域共同体，并由此产生了地域性社会关系体系。所以，本书是从特定空间和社会群体的角度，来理解以河蟹为媒介的地域社会。具体来说，它是在大公圩这样的地域范围内，生态产业影响所及人群所构成的有联系的整体性社会。这里的受影响人群既包括生态养殖户，也包括河蟹公司、渔业协会、合作社这样的个人集合体或社会组织。在这样的整体性社会中，社会网络、社会结构、社会分层、民间社会制度、亚文化以及受影响人的观念、知识结构的变化，是以河蟹产业为媒介而产生的，河蟹产业成为社会子系统运行的核心。

以河蟹产业为媒介的地域社会是在产业发展进程中形成的，宏观上由两个部分组成。一是产业影响人，主要包括受影响人的环境知识、环境意识和环境行为三个维度；二是产业影响社会，包括社会结构、社会分层、社会福利、社区生产生活、民间社会制度、亚文化等（见图7-1）。

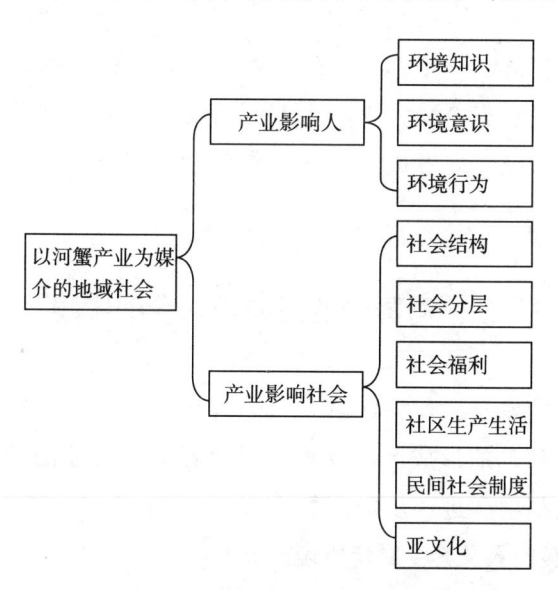

图7-1　以河蟹产业为媒介的地域社会的框架结构

从某种意义上说，生态产业发展的社会影响分析也可以看作一项项目社会评价。不过，这种社会评价类似于人类学家和社会学家对发展项目所进行的后评估，而不是预评估或者监测评估。所以，笔者这里不是对发展项目做是否成立的基本判断，而是要分析生态产业发展起来后所引起的社会事项与议题。

事实上，以河蟹产业为媒介的地域社会也是一个分析工具，其应用层面的价值在于，不仅有助于阐释生态产业发展后所引起的社会文化效应，也有助于解释产业发展所引起的"异质性"（受影响人群的内部差异）。这种差异性既有代际层面，也有代内层面。在代际层面，河蟹生态养殖产业对当地社会结构、民间社会制度、社会分层标准等产生了相当深刻的影响。同时，父辈进行生态养殖河蟹的生产行为会对子代的兴趣取向和职业选择产生影响。在代内层面，河蟹生态养殖产业的影响范围更广。首先，围绕河蟹生态养殖产业的人群结成了一定的社会关系网络和社会结构，进而影响了区域人群的社会交往与社会互动。其次，同辈人群体内部产生了社会分化。生态养殖中诞生了一批先富起来的人，生态养殖成为影响贫富的重要指标。在农村社区养殖户之间，生态养殖甚至是影响贫富的唯一指标。此外，社会人群在拥有的权力资源方面产生了分化，一些生态养殖大户和企业经营者凭借养殖效益和社会影响进入政府的权力系统，或者成为民间组织的领导者，掌握着经济、政治资源的分配。

二 河蟹产业对地域人群的影响

生态产业的发展，首先影响了地域社会中具体的人，促成了"产业影响人"这一格局的形成。可以预期，随着生态产业的持续发展，受影响人的被影响程度会进一步加深。

（一）受影响人及其受影响维度

1. 受影响人的识别

受影响人是社会学家、人类学家在开展项目社会评价研究中的一个概念。笔者借用这一概念,来分析生态养殖产业对受影响人群所产生的影响。

受影响人包括两种类型,即直接受影响人和间接受影响人。在不同的产业项目中,其具体人群范围是不一样的。比如,在农业部"渔业科技入户工程"项目中,直接受影响人是技术指导员和科技示范户,间接受影响人是普通养殖户。再比如,在幼蟹培育项目中,直接受影响人是那些"挖苗族",间接受影响人则是其他养殖户以及相关社会群体。如前所述,笔者不做具体项目中的受影响人群分析,而是将所有的生态项目以及生态产业视为一个大项目,检验生态项目对受影响人群的影响。所以,本书所说的直接受影响人是所有的河蟹养殖户,间接受影响人则是养殖户之外的社会群体,包括非养殖户群体以及政府机构。

2. 受影响的维度

对受影响人施加影响的因素是多重的,比如,现代社会的发展,大众传媒的影响,等等。但是,在大公圩,对养殖户而言,生态产业是最直接的影响媒介。

生态项目对受影响人的影响是多方位的。从类别上说,至少包括社会与环境两个维度。①在社会维度层面,生态养殖影响了受影响人的价值取向。在生态产业发展进程中,他们与外界有着高频率的社会互动。随着各种类型专家、社会调查者、官员以及媒体的到来,当地人增长了社会见识,丰富了相关知识体系。同时,他们的观念和思想更加开放。特别是那些加入渔业公司、企业、合作社并在外地市场跑业务的人群,其市场意识、经济意识、效率意识以及法制观念等诸方面得到了明显增强。②在环境维度层面,受影响人的环境知识、环境意识得到明显增强,环境关心具有一定的主动性和自觉性。鉴于研究主题的缘故,下文将具体阐述受影响人群在环境维度方面所受到的影响。

(二)环境知识、意识与行为

1. 环境知识

生态产业的发展扩充了受影响人的知识结构,生态养殖的生态学原理、环境知识和具体技术成为其知识结构与文化素质的一部分。

养殖户的环境知识主要来源于两个方面。①生态技术的推广过程是环境知识的普及过程。2002年以来，全国大批水产专家纷纷前来举办生态养殖技术培训和讲座，在推广具体的生态养殖技术的过程中，也涉及生态保护的基本常识和知识。近年来，美国、德国、丹麦等境外水产专家的技术培训，让养殖户懂得了不能使用对水域环境有严重破坏作用的渔药，不能直接向养殖水域泼洒抗生素，从而进一步扩充了环境知识结构。②生态项目的实施让养殖户掌握了相应的环境知识，并能将之应用于生产实践中。比如：在"河蟹产业振兴工程"中，养殖户学习了生态养殖的一般原理；在"丹麦诺维信微生物制剂在蟹种培育中的应用"项目中，养殖户学习了生物防病的基本知识及原理；在实施农业部"全国渔业科技入户示范工程"项目中，科技示范户每月要按照《生产日志》的要求，监测并记录养殖水域的pH值、溶解氧、亚硝酸盐、氨氮、硫化氢等指标……生态项目实施以来，养殖户已经具备了较强的环境专业知识和相关技术技能。调查发现，诸如大肠杆菌、富营养化、水质等专业术语已经是他们的日常生活用语。除此之外，他们从水域环境与河蟹健康的关系中懂得了生态退化会影响人的健康问题。比如，在田野调查中，就有养殖户谈到，水不仅是人类生命的源头，也是身体健康的源头，所以，保护水源的意义十分重大。

社区中其他社会成员虽然和生态产业没有发生直接的联系，但也受到了产业发展的社会氛围的影响。农村社会是"熟人社会"（费孝通，2008：6—8），即使不直接从事生态养殖的生产实践，不参加生态养殖技术培训，但他们生活在当地社区，对这些活动和相应的环境知识早已经耳濡目染，并将相应的知识和信息内化为自身知识结构的一部分。比如，有关生态养殖的技术讲座常常以海报的形式张贴于社区的显要位置，所有人都有接触的可能。再比如，在茶余饭后的谈论中，他们也从亲戚朋友和左邻右舍的养殖效益中习得了很多的生态原理和环境认知。2009年8月，笔者在兴村调查期间，三轮车师傅对当地的水环境变化情况也能娓娓道来。他还告诉笔者,池塘等水域究竟是几类水,一般并不需要具体的测量,肉眼就能比较精确地进行目测。原来,他的儿子和女婿都在从事河蟹生态养殖产业,因此,他对这一领域并不陌生。可见,在日常生活互动中,相应的环境知识已经得到广泛传播,水质测量等相关技术也得到较好的社会化。

2. 环境意识

"环境意识"是学术界广泛使用的概念,但在理论层面尚未达成共识。一般认为,环境意识是作为主体的人对作为客体的环境的认知,以及对人与环境关系的理解。所以,环境意识首先是一种思维方式,属于价值观念范畴。

在大公圩地区,环境意识主要来源于两个方面。①近40年的河蟹养殖实践。一方面,生态养殖是经济效益的基础;另一方面,不实施生态养殖,水域生态资源就会遭受严重破坏,经济效益就要受到损失。正反两相对比让生态养殖意识有了扎根的基础。②政府、专家以及媒体的建构。建构主义理论认为,环境问题并不能物化(materialize)自身,它必须经由个人或组织的建构,被认为是令人担心且必须采取行动加以应付,才能构成问题(Hannigan,2006;转引自洪大用,1999)。在实施"河蟹产业振兴工程"项目之前,水产专家和政府不仅论证了实施生态养殖的可行性和必要性,而且论证了粗放型养殖方式与产业衰退的关系,建构了"污染"的严峻性与"生态"的重要性。之后,大众传媒对河蟹产业转型的报道,使得专家和政府的论证家喻户晓,强化了养殖户的生态养殖意识和对养殖水域的环境保护意识。简言之,政府和专家的论证以及媒体的宣传使"大养蟹"时期的水域污染和资源破坏被"问题化",并成为生态养殖理念得以树立并持续化的动力机制。

现在,每当回忆起20世纪90年代中后期的产业发展情形,养殖户都很有感触。他们将那时候的养殖模式称为"掠夺式养殖"或"灭绝式养殖"。在谈及生态养殖模式和经验时,他们的话语体系中也常常出现"违背自然规律必然要遭受自然惩罚"以及"要懂得与自然和谐相处"

等论断。可见,他们关于生态养殖的认知逻辑,已经延伸到了对人类环境问题的一般性理解。

3. 环境行为

生态产业的发展不仅增进了受影响人的环境知识,增强了他们的环境意识,也在一定程度上改变了他们的社会行为。在环境维度层面,生态产业的发展增强了人们保护环境的自觉性,使得保护水源成为具有一定生态利益自觉的日常行为。

在本质上,环境行为和环境社会学中的"环境关心"(environmental concern)这一概念是相通的。Dunlap 与 Jones(2002)认为,环境关心就是人们意识到以及支持解决环境问题的程度,或者个人为解决环境问题而做出贡献的意愿。但是,环境关心这一概念在学术界并未达成共识,在概念的内涵理解方面还有一定的差异。本书也不是环境关心方面的专题研究,所以,笔者从环境行为这一直接的社会现象进行阐释。当前,环境意识与环境行为之间脱节的现象屡见不鲜。在政府和大众传媒铺天盖地的宣传下,社会公众的环境知识和环境意识已经得到了很大提高。但是,在具体的环境行为方面仍然不尽如人意。换句话说,环境保护在舆论上是得到了强有力的支持,但是在具体实践中往往要求别人环保,到了自己则又是另外一回事。因此,如何协调二者的一致性就显得十分重要。在大公圩地区,虽然也存在排污以及环境破坏情况,但是因为社会舆论的压力,至少不会出现直接往养殖水域排污的情况。也就是说,保护水环境是在一定的社会情境(social context)下的行为选择,具有一定的社会机制。此外,对于直接从事养殖产业的社会成员而言,因为良好的水环境是经济效益的基础,所以,水环境保护已经被内化到他们的日常行为习惯中。

在大公圩,虽然没有民间环保组织,但并不缺乏抵制污染的社会性力量。塘南镇政府由引入珍珠蚌产业到取缔该项产业就是这方面的典型案例。该镇有一块284亩的水面,之前是镇政府通过招商引资,请浙江客商在此养殖淡水珍珠蚌。但是,珍珠蚌养殖造成了严重的水污染问题。

主要原因有二。一是珍珠蚌生长过程中需要大量浮游生物，水越肥，浮游生物才越多。所以，为了养殖效益，养殖户就大量投放畜禽粪便等有机肥，造成水域严重富营养化。二是养殖过程中仅有珍珠蚌这种单一的水产品，没有其他水生物调节，造成水环境的失衡。这不仅破坏了水域生态系统，而且影响了周边居民的生活。在此背景下，河蟹养殖户纷纷向镇政府反映污染问题，请政府部门重视。最终，镇政府取消了珍珠蚌养殖，并规定以后不再发展这项产业。同时，将水面发包，通过生态养蟹、种植水草等生物措施修复该水域生态条件（2009 年 8 月 26 日，塘南镇政府访谈资料）。可见，关于珍珠蚌养殖，政府在民意的力量下经过了从"招商引资"到"禁止养殖"的转变。取缔珍珠蚌养殖，是镇政府基于民众意志的表达，综合考虑当地经济发展而作出的决策。另外，河蟹养殖户所组建成立的河蟹生态养殖公司、协会等组织，也有助于形成罗吉斯等人所称之的农业压力集团（Farm Pressure Groups）（Rogers & Burdge，1988：236），从而和工业化的利益集团形成对抗性的组织力量，更好地抵制工业污染。

（三）生态公民

1. 理论预设的生态公民

生态产业的发展培养了具有一定环境知识、环境意识以及在此基础上具有环境行为取向的社会行动者，对于系统的环境保护而言，这具有十分重要的意义。因为，从根本上说，环境保护取决于每一个社会行动者，即每一个公民。这就涉及西方环境政治学和环境伦理学中的生态公民问题。

20 世纪末期，西方环境政治学研究中诞生了生态公民理论。生态公民理论旨在通过培育具有强烈责任感的公民，建设可持续性的社会。如今，"生态公民"一词已经成为一个大众化的概念。但事实上，"生态公民"这一概念已经偏离了其本来的意义。

在生态公民理论研究中，英国政治理论家安德鲁·多布森（Andrew Dobson）是主要代表。他发展了公民理论，提出了三种类型的公民，即自由主义（liberal）公民、公民共和主义（civic republican）公民以及后世界主义（post-cosmopolitan）中的生态公民（Dobson，2003：33-82）。Dobson（2003：139）认为，生态公民既是后世界主义的一个范例，也是对后世界主义的解释。生态公民和自由主义公民、公民共和主义公民存在根本的区别（见表7-2）。

表7-2 公民的三种类型

自由主义	公民共和主义	后世界主义
权利/资格（契约性的）	义务/责任（契约性的）	义务/责任（非契约性的）
公共领域	公共领域	公共领域和私域
不要求特定的美德	阳刚性的美德	阴柔性的美德
领土性的（歧视性的）	领土性的（歧视性的）	非领土性的（非歧视性的）

资料来源：Dobson（2003：139）。

表7-2说明，生态公民的特征是：①相比较权利而言，更加强调公民环境保护的责任和义务，认为环境保护责任是非契约的（non-contractual），这不同于自由主义和公民共和主义的契约性规定。②不论是在公共生活领域，还是私人生活领域，公民都应该遵循公共的道德规范，注意环境保护。其中，公民消费是重要的私域，Seyfang（2006）认为，生态公民可能会提供一种朝向可持续消费的新路径，比如购买有机食物等。③生态公民所强调的关怀和同情等美德是阴柔性（feminine）的，这与公民共和主义基于勇敢这种阳刚性（masculine）的美德不同。④生态公民是非领土性的（non-territorial），是超越了国界的所有社会成员。因而，生态公民具有大同世界的意味。

很明显，后世界主义的生态公民是非人类中心主义的视角，而且，这种生态公民具有全球性的维度，是去除了国家和地域之间的政治经济区别的。但正因为如此，这种生态公民在现阶段只能是一种价值理念和理论预设。不管是《京都议定书》的执行效果还是2009年哥本哈根世界气候大会的争吵，都说明撇开国家和政治的视角，达成绝对一致的环境保护行动尚不具有现实可能性。

2. 现实世界的生态公民

如今，生态公民不仅是一个流行词，也是学术界中常用的学术术语。近年来，更是受到国内学术界的热捧。但综合这些研究发现，他们所讨论的现实社会中的生态公民是人类中心主义的，并不是后世界主义的生态公民（见表7-3）。

表7-3 后世界主义与现实世界的生态公民

	后世界主义	现实世界
人类的视角	非人类中心主义	人类中心主义
生态学范畴	深生态学	浅生态学
地域范围	跨国界的/全球视角	具有国家/民族/区域边界
核心要素	生态至上	经济与环境保护协调，以经济效益为核心取向

如表7-3所述，现实世界的生态公民依然具有国家/民族/区域边界，是以经济发展和环境保护的协调为中介，但核心目标依然是以经济效益为导向的。这种生态公民仍然是浅层次的，是基于其经济利益考量的结果，与后世界主义的生态公民具有很大的距离。但是，这种基于自身经济利益考量的环境行为在现阶段具有其存在的合理性。

毫无疑问，生态产业发展中所培育的是现实世界而不是后世界主义的生态公民。作为积极承担水域环境保护义务的社会行动者，他们既有环境保护的行为取向，也具有一定的环境保护自觉性。从某种意义上说，他们也是当地社区从事生态文明建设的行动主体。

三 河蟹产业对地域社会的影响

生态产业发展不仅影响了具体的受影响人，也影响了地域社会。在很大程度上，河蟹产业的发展已经成为社会结构（人口结构、社会组织结构）、社会分层、社会福利、社区生产生活、民间社会制度以及亚文化的媒介和中间载体。

（一）社会结构

生态产业发展对地域社会结构的影响是多维度的，其中，人口结构（年龄、性别和文化结构）和社会组织结构所受到的影响最为明显。

1. 人口结构

20世纪80年代以来，在农村地区，大部分有一定知识、技能的社会群体以及男性中青年群体纷纷流动到了城市发达地区，农村社会呈现"老龄化、妇女化、低文化"的社会文化特征。有知识、有文化的劳动力向城市和发达地区的流动，造成劳动力资源的空间分布极不合理，农村社区呈现"空心化"现象。这既不利于农村社区的稳定与发展，也不利于当地人发挥科学技术优势进行农业生产。在大公圩地区，生态产业的发展促进了这一问题的解决。

（1）在年龄结构方面，由于生态养殖效益可观，尽管也有不少青壮年外出打工，但农村社区还是留住了一大批年富力强的劳动力资源。不仅如此，生态养殖的显著效益还吸引了县城和市区中有远见卓识的经济能人前来投资兴业，发展河蟹产业。在大公圩地区，绝大多数的幼蟹培育、成蟹生态养殖以及出口加工企业/公司都是城市的经济能人前来投资开发的。

（2）在性别结构方面，河蟹生态养殖特别是规模化的经营生产主要还是依靠男性劳动力。在以幼蟹培育为特色的社区，90%左右的男性劳动力留在当地从事河蟹产业。

（3）在文化结构方面，生态养殖本身需要一定的知识和技能，因此留住了一大批拥有一定知识、掌握一定技能的农村文化精英和技术精英。而且，在生态产业的带动下，中国科学院、中国水产科学研究院、中国农业科学研究院、中国海洋大学、上海海洋大学等全国各地的水产专家纷纷前来进行技术培训和指导。在培训过程中，养殖户不仅学到了先进的技术，也习得了很多具体的原理和技术知识。可见，生态产业发展中培养了一大批具有较高文化水平和技术技能的知识群体。

2. 社会组织结构

新中国成立后，和其他地区一样，大公圩地区除了正式的政府组织，其他类型的社会组织已经近乎绝迹。传统的维系乡土社会稳定的家族组织等社会自组织也告别了历史舞台。在河蟹生态产业发展壮大的过程中,大量的民间社会自组织（self-organization）不断出现,不仅优化了农村社会组织结构,也产生了新型社会关系。

随着生态养殖产业的发展,传统亲缘/血缘组织再次发挥功能,同时,一批民间性质的河蟹经营组织/协会/合作社等社会组织和社会团体应运而生。①这些民间社会自组织将围绕河蟹生产的社会群体凝聚在一起,形成了比较稳定的利益相关者群体。这既有助于拓宽市场销售半径,也有助于发挥规模经营优势,规避原子化生产的市场风险,并维护河蟹生产者的利益。②河蟹公司/企业组织、承担了科技攻关项目,在河蟹生态养殖关键技术的研发方面,发挥了主体功能。③这些社会自组织也是抵制外来污染型产业、企业的重要社会力量。

社会组织结构的变化也导致了新型社会关系和社会网络的产生。①家族等传统的关系网络因为生态养殖而组合在一起,形成了"利益共享、风险共担"的关系。同时,"大户带小户、强户带大户"的经营格局也将社区内的养殖户紧密地联系在了一起。②河蟹出口和加工公司与农户实施订单生产,不仅与农户签订优质河蟹的订单,而且签订南瓜、牧草等植物饲料的订单,这不仅带动了周边农户发展经济,而且形成了一定的社会关系链。此外,在北京、上海和南京等大城市的水产专家前来开展技术培训的过程中,当地养殖户特别是生态养殖精英与他们形成了密切的关系,并通过他们与外地社区结成了更广泛的社会关系网络。

（二）社会分层

生态产业的发展引起了新的社会分化。社会学家马克斯·韦伯所谓的财富、权力和社会声望三个分层指标在这里体现得十分明显。生态养殖产业及其效益影响了养殖户的经济收入、政治资源以及所受到的社会声望评价。

田野调查中,笔者经常能从蟹农和农民那里听见"他家的河蟹养得好"、"能把河蟹养得这么好，他是我们村的人才啊"等诸如此类的评价。这些评价本质上就蕴含了当地社会声望评价体系的逻辑基础。不仅如此，生态养殖效益也直接影响了他们在经济收入、政治资源方面的差别。不过，财富、权力和社会声望三者之间并不是平行或者并列的关系。财富和权力的获得有助于他们获取较好的社会声望，而良好的社会声望反过来又会有助于他们获取更多的财富和权力资源。因此，财富、权力和社会声望之间形成了相互影响的关系格局。具体来说，在生态养殖项目、产业发展过程中，进入社会分层金字塔顶端的路径有二。

路径之一是创办河蟹生产和加工企业/公司。这是有一定社会远见和经济基础的地方精英开创的。①他们通过运作河蟹企业/公司成为"老板"，同时承包水面并雇佣其他养殖户养殖河蟹。企业/公司产生了显著的经济效益，他们自然能够获取丰厚的经济资本。此外，由于已经具备经济效益，他们能借此争取到政府部门关于新农村建设和生态产业发展的项目资金。②他们的企业/公司提供了就业岗位，与周边养殖户签订订单，也带动了他们收入的增加，在当地产生了较大的社会影响，因而成为地方政府和媒体宣传的典型。他们也因此被推荐担任水产协会等社会自组织的会长等职务，被优先推荐参加全国"青年致富带头人"等荣誉的评比，并有机会进入县、镇（乡）两级的政协和人大组织，当选为人大代表、政协委员甚至常委，比普通养殖户获取了更多的政治资本。③他们在与当地政府和外地科研单位、企业打交道的过程中，获得了更多的人缘和社会网络资源，获取了比普通人更多的社会资本。④正因为这些经济、政治和社会资本的不断累积，他们在当地获得了很好的社会评价，社会声望得以提高。如今，他们不仅在大公圩地区家喻户晓，在县城乃至省城也有很大名气。而社会声望的提高又进一步帮助他们获取更多的政治资本、社会资本和经济资本（见图7-2）。

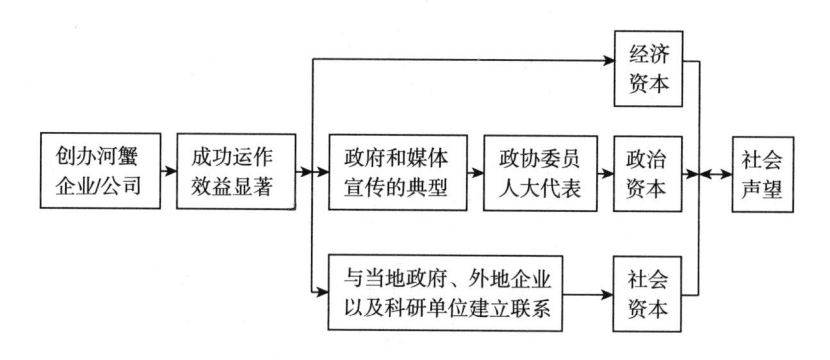

图 7-2 社会分层路径 I

路径之二是依靠生态养殖技术。这是技术精英进入社会分层金字塔顶端的一般路径。①他们凭借所掌握的过硬技术，获得显著的经济效益和环境效益，被评为"科技示范户"。作为"科技示范户"，他们能够优先获得生态技术培训与指导以及各类信息和物质资料，这有助于他们在河蟹养殖中取得更好的效益，成为先富起来的一批人。他们也因此比其他养殖户获取了更多的经济资本。②他们的生态养殖经验成熟，被邀请给其他养殖户作技术指导，进而成为政府和媒体对外宣传的典型，被优先推荐参加国家级和省级"劳动模范"、"青年致富带头人"等荣誉评比，也有可能当选与河蟹养殖有关的社会自组织的会长、副会长、理事长等职务。因此，他们比其他养殖户获取了更多的政治资本。③因为前述两种原因，他们在当地会获得更高的社会声望。同时，在与本地政府官员、外地科研单位的水产专家以及企业家打交道的过程中积累了丰富的社会关系、社会网络资源。他们因而比其他人获取了更多的社会资本。④社会声望的提高以及社会资本的获得，有助于他们争取更多的财富、权力资源以及更高的社会声望（见图 7-3）。

上述分析说明了两点：首先，生态养殖项目的影响不是均等化的，在社会群体内部是有很大差异的，生态养殖导致了社会分化；其次，从事生态养殖产业所获得的效益情况已经成为社会分层的逻辑起点和重要标准。这一社会分层标准在生态项目实施之前或河蟹产业振兴之前是不存在的。

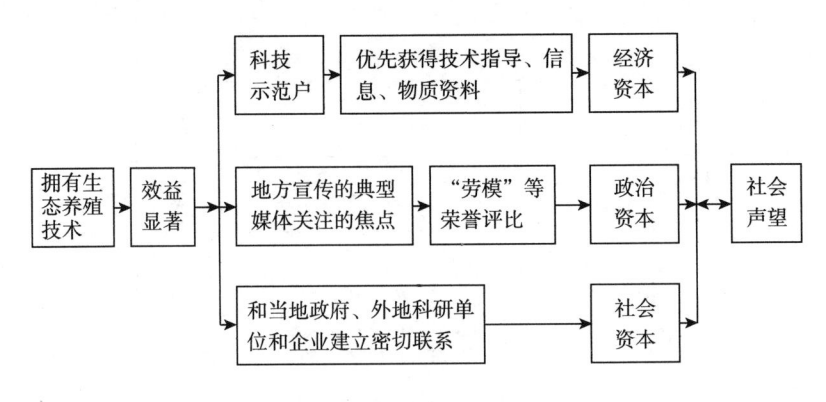

图 7-3 社会分层路径 II

(三) 社会福利

生态产业的发展,有力地带动了村集体经济的发展。在水面比较多的地方,行政村每年一般有 200 万元左右的水面发包收入。集体经济的壮大带动了社会福利事业的进步,产生了显著的社会效益。在生态养殖发达地区,水利资金统筹费、农业排灌费等生产性费用都由村集体统一支付。此外,学校、交通、卫生等公共设施建设以及有线电视安装等方面,集体经济也支付了很大比重。

这里以笔者多次调查过的兴村为例进行说明。近年来,该村(行政村)集体经济收入一直在 220 万元左右,完全来自河蟹养殖水面的发包收入。村集体经济在社会福利事业中的功能体现在诸多层面,在此,以 2007 年的福利标准为例进行说明(见表 7-4)。①年终分红。年终分红有两个标准:一是田亩标准,凡是在兴村有田地的,按照每亩发放 100 元的标准发放到户。兴村共有 3200 人,人均将近 1.1 亩耕地,这样土地分红总额达 35.2 万元;二是人口标准,凡是户口在兴村的村民,每人年终可分得 120 元的红利,全村人口分红总额达 38.4 万元。可见,对于一个四口之家而言,年终可领取 800 多元的集体福利,而全村年终分红总额达 73.6 万元。②集体医疗补助金。对于愿意参加新型农村合作医疗的村民,村集体将支付 30% 的份额。③发放生态养殖的鼓励资金。全村除了有 2500 亩的自然水面,还开挖了 1700 亩的稻田进行成蟹生态养殖和幼蟹培育。村里按照 20 元/亩的标准发放给养殖户，用于购买水草、螺蛳，全年共发放生态养殖鼓励资金将近 8.4 万元。④老年群体的生活补助金。兴村有 12 个村民小组，每个村民小组都有老年协会。按照每个自然村的人口数，给每个自然村的老年协会发放基金（人均 8 元的标准），供其开展社会活动，丰富老年人生活。全年共支付该项基金 2.56 万元。⑤此外，全村的农排水电费以及集体基础设施建设也是由村集体支付。比如：村里先后投资 30 万元修建村级公路，使村村通上了柏油路；投资 2 万元修建村级公墓；投资 20 多万元兴建中心小学教学楼；等等（2008 年 1 月 26 日，兴村村委会主任庄先生访谈资料）。

表 7-4　兴村社会福利发放标准

类别	标准	数额	累计（万元）
年终分红	田亩标准	每亩发放 100 元	35.2
	人口标准	每人发放 120 元	38.4
新型农村合作医疗	总额比例	按照合作医疗总额的 30% 支付	—
生态养殖鼓励资金	面积标准	每亩发放 20 元	8.4
老年生活补助金	人均标准	人均 8 元	2.56

数据来源：2008 年 1 月 26 日访谈资料。

（四）社区生产生活

生态产业发展对社区居民的生产和生活产生了深刻影响。河蟹生态养殖成为养殖户生产生活活动中的核心内容和社区居民生活中的核心话题。

首先，在农业生产方面，河蟹是蟹农一年生活的中心。调查发现，蟹农一年四季主要围绕河蟹的育苗、生产和销售这些环节而忙碌：春季放养蟹种、种植春季水草，夏季投喂饵料、种植夏季水草、调节养殖区域水质，秋季忙于成蟹捕捞和销售，冬季则要修补来年捕蟹的工具——地笼。很明显，这种生产方式和非养殖业区域的生产方式迥异。此外，大公圩地区的农业耕作面积还在逐渐缩小，这主要是因为很多稻田已经被开挖成池塘用于养蟹。

其次，河蟹产业影响了当地人的生活方式乃至工作方式。一方面，社区居民在生产中以资金入股、技术学习等方式相互影响，在生活中见面聊天的内容往往是围绕河蟹生态养殖和销售的最新信息。另一方面，河蟹产业发展影响了当地的工作方式。暑期调查期间，笔者经常遇到这样的情况：如果到村委会做调查，一般都会吃闭门羹，整个村委会见不到一个人。后来得知，村委会的书记、主任等"下午都到塘口喂海子①去了"。所以，村两委一般上午办公，下午放假。此外，一般而言，村委会的书记、主任还是生态养殖的能人，因而成为地方致富的带头人。生态养殖效益如何以及能否以技术带领左邻右舍致富甚至是他们"政绩"的体现。

再次，父辈的河蟹经营对子代的兴趣取向和职业选择具有较大影响。一方面，很多没有考取大学或者没有继续读书的年轻人继承了父辈的职业，经营河蟹产业。调查中发现很多父辈和已婚子女共同经营河蟹产业的情况。另一方面，河蟹生产的社会氛围和家庭氛围，影响了一些考取大学的年轻人及其未来职业规划。2009年，生态养殖精英于先生的儿子考取大连海洋大学就是这种家庭氛围和社会氛围影响的结果。于先生认为，从事河蟹生产是很辛苦的，所以，他不希望儿子将来再从事这样的产业，至少不要在养殖一线。但儿子就是对这个产业感兴趣，用于先生自己的话说，就是"怎么拦都拦不住"。最后，他只好顺从了儿子的意思，同意儿子学习水产专业。在儿子考取大学后，他开始根据自己的生产经验，引导儿子做具体方向的专业研究。他认为，目前生态养殖中出现的新问题就是蓝藻问题，现在只能预防，一旦预防不力等到蓝藻出现往往就无法根治。他也为此专门请教了很多专家，但一直没有找到理想的解决方案。所以，他给儿子布置了研究课题，就是在大学学习期间攻克这一技术难题（2009年8月10日，对于先生的访谈资料）。

（五）民间社会制度

在人类社会的长期历史中，虽然没有"环境保护"这样的专门术

---

① "海子"在这里是方言，在当地社区是蟹子、螃蟹的意思。

语,但还是有各种各样的乡风民俗、民间习惯规范着人们的行为。在很大程度上,这些民间习惯和乡风民俗发挥了正式的社会制度功能,并维系着人与自然环境的和谐。而在现代社会,传统民间规范已经纷纷退出了社会舞台,成为被尘封的档案材料。这是产生所谓"内生污染"(陈阿江,2010:123—135)的重要社会背景。

即便看上去是所谓的纯粹个人行为,也会在某种意义上与社会的价值和规范系统相联系(陆益龙,2004:157)。不同的社会背景下,社会行动者的价值规范是截然不同的。在太湖流域,随着维系生态平衡的传统价值观的沦丧,专业养殖户将粪肥排入河中,抽水马桶下水管直通河底,家庭喷水织机排"白水"入河(陈阿江,2010:133—134)。而在大公圩地区,生态产业的发展促进了一套爱护水、保护水的社会逻辑和社会规则的诞生。比如,不能随便往河里倾倒垃圾、排放污水,厕所不能建在别人的河边,等等(2009年8月25日,塘南镇访谈资料)。否则,这不仅会遭到池塘、河沟、湖泊等水体使用者(生态养殖户)的"问责",还会遭受社区内其他人的舆论谴责。由此可见,生态产业发展中形成的有关水环境保护的社会逻辑机制,规范着社区中人们的行为方式。不过,这种社会逻辑并没有白纸黑字明文写出来,而是内嵌于当地社区的文化结构中。人们遵从这种规范并不是因为能够得到直接的经济回报和收益,而是,如果不遵从规范会遭受他人的谴责和舆论的压力,因为周边居民都在直接、间接地使用河里的水。

当然,这种社会规范和行为是因为水的功能而产生的。在大公圩,水的功能体现在以下三个方面。①养殖功能。只有在无污染的水体环境中,才可能实施生态养殖。②农业灌溉。污染的水体不宜做灌溉水源。③生活用水。笔者在调查中发现,养殖户早晨起来后,普遍地直接用养殖水体里的水刷牙漱口。而且,他们做饭以及饮用的水也都是直接取自养殖水体。此外,周边社区居民既在河(池塘)边洗衣服,也在河里淘米洗菜。虽然当地早已普及自来水,但是,他们仍然会取河(池塘)里的水做饭,甚至在夏天直接饮用。因为生态养殖,当地的水保留了饮用和灌溉等功能，从而导致保护水的生态伦理和社会规范的产生。也就是说，水体功能决定了居民对待水的价值观，而这种价值观又规范着社区居民的态度和行为。

水体功能的变化导致人们对河流、湖泊中的水的观念和价值理念发生变化，称之为功能诱导型的水文化。事实上，这种功能诱导型的水文化普遍存在。在传统社会，人们直接饮用周边自然水体中的水，因而会竭力保护水资源。而在现代社会，随着自来水的普及化，人们对周边水域的观念也发生了急剧变化。一旦不再以其为直接饮用水源，河流、湖泊等水体的功能往往就发生退化，甚至成为排污的场所。在大公圩，因为功能诱导而产生的爱水、护水文化也具有其自身的局限性。调查发现，在非养殖区域，比如乡镇和集镇周边的水域，随意倾倒垃圾的现象依然存在，不少水体中漂浮着塑料瓶甚至酒瓶。

（六）亚文化

当一个社会的某一群体形成一种既包括主文化的某些特征，又包括一些其他群体所不具备的文化要素的生活方式时，这种群体文化被称为亚文化（戴维·波普诺，2007：91）。河蟹生态产业的发展导致一定的亚文化的形成与发展。这些亚文化是围绕河蟹生产—销售—消费这些环节而产生的，具体表现为因河蟹产业发展而形成的文化符号以及饮食习俗，这些是有特定风格与情调的地方文化。

首先，河蟹产业发展导致相应文化符号的产生。围绕河蟹生产形成了蟹农、蟹村，也形成了围绕蟹农群体的相关称谓，比如，"挖苗族"是专门称谓那些从事幼蟹培育及相关产业的社会群体。同时，河蟹产业发展也促进了相关习语的产生。比如，当地将因养殖河蟹而发家致富进而盖起的新房称为"蟹楼"（2—3层的欧式建筑），饮食俏皮话中还有"螃蟹串起来——横行不了啦"的说法，而"挖鱼塘，盖新房，迎新娘"则是近年来因河蟹产业而兴起的民间习语。这些文化符号都产生于特定的生产方式和社区结构中。其次，围绕河蟹养殖产生了一定的科研文化。为提高养殖的经济效益，当地水产技术人员、生态养殖精英都在根据不同水域的生态条件进行不断的试验。事实上，这是在从事围绕河蟹产业的科学研究，也是一种社区文化。再次，形成了当地特有的食蟹文化。在特定的地域环境中，当地人逐渐形成了有关河蟹的菜谱、食蟹的讲究以及相应的民俗风情。比如，蟹糊（蟹羹）是知名的当地菜肴，"蟹连鱼肚"和"芙蓉套蟹"被编入《中国名菜谱·安徽风味》（晋松、曾再新，2009：47—57）。文人墨客对食蟹的文化梳理更加彰显了其间的雅致。比如，关于食蟹时令，当地人认为九九重阳为品尝鲜蟹的最佳时节。再比如，当地还有"上市吃母蟹，下市吃公蟹"的说法（河蟹刚上市时，母蟹成熟，此时吃蟹以母蟹为佳；河蟹下市时，公蟹膏脂丰腴，此时吃蟹以公蟹为佳）。当然，食蟹文化的形成，并不完全是受生态产业的影响，而是历史、文化等多种因素综合作用的结果。但是，生态产业的发展无疑促进了食蟹文化的形成与发展。

第八章 研究结论

当前,雾霾等环境问题已经影响了国家形象,产生了诸如"生态移民"等具有争议性的话题,甚至已经出现了跨国环境纠纷的苗头。因此,中国政府现在比历史上的任何时候都更加重视环境治理。中共十八大报告首次将生态文明建设提升到与经济、政治、文化、社会四大建设并列的高度,将之列为建设中国特色社会主义"五位一体"的总布局之一,这"标志着中国现代化转型正式进入了一个新的阶段"。十八届三中全会则提出"必须建立系统完整的生态文明制度体系,用制度保护生态环境",强调生态文明的制度建设。建设生态文明,必须推动产业的转型升级。当前,大气污染已经形成了倒逼机制,正在推动政府部门加大京津冀地区的产业转型升级的力度。本研究以一个农业产业转型的地方实践,透视并分析产业转型中的社会逻辑。

具体来说,本研究以河蟹产业转型的社会文化机制及其效应为线索,探索粗放型产业的生态转型,发现大公圩通过河蟹养殖产业的转型,不但实现了"肥水渔业"向"净水渔业"的转型,而且促进了经济与环境的互利共生。大公圩河蟹生态养殖产业的发展历程,在实践层面破解了经济发展与环境保护的"两难论"以及"无工不富论"。当前,无论是底层社会还是当地政府部门,都在继续开展技术革新与试验,积极推动河蟹生态养殖产业新一轮的优化升级。当然,我们也需要清醒地看到,在工业化浪潮下,位于皖江城市带承接产业转移示范区的大公圩如何妥善应对工业化的压力、保持河蟹生态养殖产业特色,依然是一项重要的现实课题。

一 经济与环境"两难论"的破解

在现代社会，经济发展与环境保护似乎是个难以兼容的二元难题：经济发展往往以牺牲环境为代价，特别是粗放型的经济发展导致了癌症等疾病高发、"怪病村"层出不穷；而环境保护似乎又要限制经济发展，那些生态系统保护很好的地方，经济发展一般相对滞后。由此，这种"两难论"似乎成为"宿命论"。大公圩河蟹产业通过转型，不但化解了"两难"，而且走向了"双赢"。

整体上看，自工业革命以来，世界发达国家和地区都曾遭遇或正在遭遇"先污染后治理"的困境。在理论层面，亦有环境库兹涅茨曲线（Environmental Kuznets Curve，简称 EKC）假说，即认为环境恶化程度先随经济增长而加剧，达到某个拐点之后，又随经济增长而得到缓解和改善。就我国而言，虽然政府部门竭力规避"先污染后治理"、"边污染边治理"的老路，但发展实践表明，这种良好的初衷并未得到很好的实现。然而，现实社会中，还是有一些兼顾"绿水青山"和"金山银山"的案例。已有学者指出：生态与经济两个因子互为增益的情形是大量存在的，只是因为我们的无知，或者为"短期理性"所蒙蔽，它们才变得相互排斥。正是因为存在这种错误的"普遍共识"，生态—经济—社会多赢类型才显得凤毛麟角，剖析这样的类型就显得弥足珍贵（陈阿江，2008）。

河蟹生态养殖产业促进了经济发展与环境保护的互利共生，说明二者并不是不可调和的矛盾，更不是简单的二元对立。其发展实践说明，所谓的环境库兹涅茨曲线并非铁律，我们更不能依靠所谓的 EKC 而去等待产业的自动转型，而是要积极寻求出路，通过主观的努力寻求经济发展与环境保护的兼容、双赢之路。

大公圩河蟹生态养殖产业转型具有特定的社会文化机制，当然，这只是产业转型的必要条件而并不是充分条件。尽管如此，这种社会文化机制仍然具有一定的规律性，可以为其他地区的产业转型提供类型学意义上的借鉴与参考。首先，适用技术至关重要。虽然技术治理并不是环境治理的根本举措，但环境问题发生后，仍然需要运用相应的技术进行生态修复。而技术应用是个复杂的社会过程，其效果如何首先要看技术是否符合采用者的实际需要及社会文化特征。同时，在产业转型中，本土技术人才的培养非常重要。其次，组织体系为产业转型提供了组织基础。在产业发展中，原子化的个体力量非常有限，必须借助组织化的力量，既需要政府组织，也需要民间组织。再次，生态资本既解释了产业转型的经济基础，也提供了生态产业发展的社会基础。能否惠及相关利益群体，往往影响到产业转型成效。虽然粗放型的经济发展已经走到穷途末路，但纯粹的环境保护也不具有现实可操作性，只能沦为乌托邦式的价值追求。比如，一些地方的退耕还林政策之所以遭遇困境，就是因为忽视了当地的经济发展以及当地农民的收入增长需求。事实上，即使是生态文明建设，如果忽视或者背离了经济发展的前提，也不可能真正实现。最后，民间精英是产业转型的人力资源基础。他们在社区中拥有比其他成员更多的权威、知识和影响力，对产业发展具有前瞻性的见解。具有一定"生态利益自觉"意识的精英人物，在河蟹产业转型中发挥着重要作用。笔者对环境保护"全球500佳"社区的调查发现，其发展都离不开地方精英的带动。在当前社会发育程度不高的背景下，尤其需要发挥民间精英在产业转型中的带动和引领作用。因此，在产业转型中，我们既要充分发挥官方"自上而下"的引领功能，也要给民间精英的生态实践及其"自下而上"的技术革新创造良好的社会氛围。

　　本书展示的是产业转型的地方实践，而从全国的视野来看，中国的产业转型具有梯度性特征。首先，相比工业转型而言，农业转型相对容易，这与中国的生态农业遗产有一定的关系。其次，中国的工业转型正在推进之中。由于经济发展水平较高，公众环境意识得到提升，粗放型工业在苏南等经济发达地区已经没有生存空间（当然，"污染转移"是另一个重要问题）。太湖蓝藻事件发生后，在国家和地方的推动下，苏南的工业转型成效在整体上得到肯定。当前，大气污染所产生的倒逼机制，已经成为推动京津冀地区工业转型的重要力量。再次，受到多种结构性因素的制约，经济欠发达地区的工业转型还有很长的道路要走。

二 工业化"宿命论"的破解

苏南自20世纪70年代开始发展社队企业（乡镇企业雏形），其乡村工业化道路被称为"苏南模式"（费孝通，1992：538）。苏南工业化创造了经济奇迹，在改革开放后影响了苏南乃至整个中国的发展模式，并出现了"无工不富"、"无工不强"的思潮。从国家发展的角度而言，工业化至关重要，强调"无工不富"与"无工不强"符合发展的基本规律。但是，不能盲目追求工业化，而且要鼓励多样化发展模式的存在。大公圩通过发展河蟹生态产业推动了地方经济社会的良性发展，证明了"无工不富"并非铁律，并规避了片面工业化所导致的生态困境。

工业化是一个老生常谈却又不得不谈的重大问题。遍地开花的工业化发展模式并不具有普世性。①就率先开启乡村工业化的地区而言，"村村点火、处处冒烟"的工业格局造成了严重的生态破坏和环境污染，已经成为发展的沉重包袱。当前，很多传统的江南的鱼和米不但没有了"鱼米之乡"的产品优势，甚至当地人都不敢吃自己的鱼和米。②就盲目仿效工业化的地区而言，经济发展是以生态破坏为代价的，甚至有的地方尚未实现经济发展，就造成了严重的环境问题。当前，长三角和珠三角地区的高耗能、重污染企业已经没有多少生存空间，在产业转移的浪潮中开始纷纷向中西部等欠发达地区转移。笔者在苏北、皖北、豫南地区调查时发现，为迎接产业转移，大量的耕地被建设成工业园区。且不说征地、拆迁和移民安置中的社会冲突、上访等社会问题，一旦污染产业进入，势必带来灾难性的影响。在铺天盖地的工业化浪潮下，大公圩正视了薄弱的工业基础这一劣势，正确评估了自身的水产经济强势，因而没有盲从工业化，而是保持了生态养殖这种特色产业，并将之发展壮大。2010年9月，笔者在大公圩调查时发现，很多以河蟹生态养殖为主的社区，农民年人均纯收入达到9000元，有的超过1万元，远远超出全省和全国的平均水平。可见，他们并未因为"无工"[①]而"不富"。目前，当地正立足资源特色，围绕"一镇一品"甚至"一村一品"，发展现代特色农业，不但推动了无公害、绿色和有机食品的认证与生产，也在生态农业发展中促进了地方经济的可持续发展（见表8-1）。

表8-1 大公圩农产品等级认证情况

	企业编号	产品名称	面积（公顷）	产量（吨）
无公害	1	河蟹、青虾	333.3	200
	2	河蟹、青虾	400	300
	3	河蟹、青虾、草鱼、鳊鱼、鲢鱼、鳙鱼、鲫鱼、黄颡鱼、鳜鱼、甲鱼	400	1210
绿色	1	金脚红毛蟹、青虾、鳙鱼、鳜鱼、中华鳖、黄颡鱼、鲢鱼、鲫鱼、乌鳢	1200	284.5
	2	茶干、乳黄瓜、大蒜、黄池萝卜	1480	4380
	3	大闸蟹、青虾、鳙鱼、鳜鱼	2666.7	458
	4	鲜桃	533.3	8000
有机	1	大闸蟹、青虾、鳙鱼、鳜鱼	474.4	—
	2	葡萄	43.2	600
	3	葡萄	42.7	639

数据来源：基础数据来源于县农委行政审批股，2010年9月调查资料。

工业化是现代化的重要内容，但是，现代化不等同于工业化。我国地域广阔，区域差异大，特别是中西部地区，有自身的发展条件，并不适合遍地开花的工业化发展模式。大公圩坚持特色产业的发展实践给中西部地区的启示是：区域发展不能盲目工业化、盲从工业化，而要因地制宜，注重发挥比较优势，"宜工则工、宜农则农、宜养则养、宜旅则

---

① 这里的"无工"指的是没有重工业，因为当地有服装厂等轻工业。

旅",自成一格,走有地方资源特色的可持续发展之路。

三 持续的革新与超越

通过"种草"、"投螺"、"稀放"、"配养"和"调水"等生态养殖环节的落实,大公圩实现了由"大养蟹"向"养大蟹"和"养好蟹"的转型,初步实现了经济效益、生态效益和社会效益的统筹兼顾。而且,生态养殖效益的提升成为当地环境保护的动力机制,从而更好地促进了生态文明建设。

但是,大公圩并没有停留于既有的发展成就中,而是不断学习其他区域的先进经验,不断探索新的发展理念,不断推动河蟹产业的升级优化和创新。笔者 2013 年调查时发现,当地又开展了很多新的试验,并且取得了积极成效。比如,塘南镇一家河蟹养殖公司积极推广"种养结合"新技术。在实地考察学习辽宁稻田养蟹经验的基础上,他们组织开展蟹田种稻试验,建立试验田 500 亩。在没有使用化肥、农药的情况下,亩产水稻 600 公斤、幼蟹 100 公斤,水稻经过加工、真空包装后上市,亩均产值达 1 万元、利润 6000 多元,实现了"一亩田、千斤粮、万元钱"的目标(2013 年 8 月,县水产局、大公圩河蟹生态养殖公司调研资料)。在这种"种养结合"的循环农业模式中,蟹种的品质优、规格大,而且稻米生产中不使用化肥和农药,质量安全得到了保证。2013 年 7 月,笔者在调查时发现,该养殖公司已经开始筹备申请"蟹田有机大米"商标。

大公圩地区的河蟹生态养殖产业能不断发展,与当地发展水产经济的社会氛围有很大关系,具体包括三个方面的内容。首先,政府部门认识到丰富的水资源是当地的资源优势,河蟹生态养殖是特色水产经济,因而给予了很多的扶持。其次,鉴于比较经济优势和当地的环境,农业从业者热衷于河蟹养殖,并且积极探索产业发展的新路径。最后,自 20 世纪 90 年代以来,当地形成了水产科研的良好氛围,特别是,1989 年和1990年开设的两届淡水养殖专业地方中专班为当地积累了重要的智库,这些人后来成为水产养殖领域的业务骨干,并推动了本土的技术革新。可以预期,在当地政府管理部门和本土技术专家的推动下,大公圩河蟹生态养殖产业还会取得很多新发展,对此,我们需要开展相应的追踪研究。

四 成功转型中的生态压力

大公圩虽然成功实现了河蟹产业转型,初步走上了经济发展与环境保护互利共生之路,但依然面临很大的生态压力。目前,大公圩仍然受到明显的工业化诱惑与压力。调查发现,圩内各乡镇几乎都在想方设法争取工业项目,都有加速工业化的冲动。这种冲动的直接原因是,虽然河蟹生态养殖产业已经产生很大影响,也创造了较为可观的经济产出,但在GDP份额贡献方面,毕竟还不能和工业经济相匹敌。更大的社会背景则是,中国仍然处于工业化浪潮中,工业经济在各地的经济结构中均占有很大比重。同时,当涂县地处皖江城市带承接产业转移示范区[①],正在承接沿海地区特别是长三角地区的梯度转移产业。

关于工业化压力,从当地政府官员和老百姓的"辩证法"话语中可见一斑:

> 我们大公圩确实具有很好的生态优势,但是因为没有强大的工业经济的支撑,经济方面与发达地区的差距还很大。

因此,在各乡镇的发展理念中,紧随"生态立镇"的往往就是"工业强镇"。在追赶GDP的背景下,地方政府还在为如何发展工业而焦虑,已经被规划为发展现代农业主产区的大公圩仍然面临发展工业的强大压

---

① 皖江城市带承接产业转移示范区是国家级示范区,规划范围为安徽省长江流域,其中,芜湖、马鞍山、铜陵、巢湖、安庆、池州等6个沿江市是承接产业转移的主轴线。

力。2009年以来，各乡镇土地置换的主要目的之一就是为发展工业和建设工业集中区预留空间。对于地处皖江城市带承接产业转移示范区的大公圩而言，能否在产业转移热潮中保持并发展特色产业，是一项重要的现实课题。

发展工业本身无可厚非。比如，如果是新能源、新材料等环保型产业，自然是值得肯定的。再比如，大公圩地区的服装等劳动密集型产业和相应的加工工业也适合当地的实际情况。此外，其他类型的工业，如果能实施清洁生产，自然也没有问题。但是，能不能保证清洁生产则是一个问号。当地政府也提出要实现由"大办工业"向"办大工业"转型，实现"大招商"向"招大商"转型。这种理念很好，但关键在于如何落实和如何实现。就调查中所了解到的情况而言，这种转型目标尚未实现，目前是"大办工业"与"办大工业"相结合，"大招商"与"招大商"相结合。在工业化的压力中，一旦粗放型、污染型工业大量进入，大公圩地区的生态养殖产业以及整体的生态系统势必会受到严重影响。

产业转型是一个系统，既受制于外部的生态系统，也受制于宏观的社会系统。因此，对产业转型的发展需要全面的、系统的视角，而不能就产业转型本身而论产业转型。同时，对产业转型和生态产业发展的审视也需要长期的视野，这将是笔者进行长期追踪观察和研究的课题。

参考文献

安东尼·吉登斯，2003，《社会学》（第四版），赵旭东、齐心等译，北京：北京大学出版社。

安徽省地方志编纂委员会，1990，《安徽省志：水产志》，合肥：安徽人民出版社。

布罗代尔，1993，《15 至 18 世纪的物质文明、经济和资本主义》（第二卷），顾良译，北京：三联书店。

曹锦清，2000，《黄河边的中国》，上海：上海文艺出版社。

——，2010，《如何研究中国》，上海：上海人民出版社。

陈阿江，2000，《制度创新与区域发展》，北京：中国言实出版社。

——，2003a，《范式视角下的项目社会评价》，《江苏社会科学》第 5 期。

——，2003b，《技术傻化的社会学阐述》，《南京师大学报》（社会科学版）第 4 期。

——，2008，《论人水和谐》，《河海大学学报》（哲学社会科学版）第 4 期。

——，2009，《再论人水和谐——太湖淮河流域生态转型的契机与类型研究》，《江苏社会科学》第 4 期。

——，2010，《次生焦虑——太湖流域水污染的社会解读》，北京：中国社会科学出版社。

陈凡，1995，《技术社会化引论——一种对技术的社会学研究》，北京：

中国人民大学出版社。

陈国权、李院林，2004，《政府自利性：问题与对策》，《浙江大学学报》（人文社会科学版）第 1 期。

陈涛，2009，《1978 年以来县域经济发展与环境变迁》，《广西民族大学学报》（哲学社会科学版）第 4 期。

——，2011，《"事件—应急"型环境治理范式及其批判》，《华东理工大学学报》（社会科学版）第 4 期。

——，2012，《民间生态实践助推环境治理》，《中国社会科学报》11 月 9 日第 377 期第 A8 版。

陈涛、左茜，2010，《"稻草人化"与"去稻草人化"——中国地方环保部门角色式微及其矫正策略》，《中州学刊》第 4 期。

戴维·波普诺，2007，《社会学》（第十一版），李强等译，北京：中国人民大学出版社。

当涂统计年鉴编辑委员会，2012，《当涂统计年鉴》（内部资料）。

当涂县地方志编纂委员会，2012，《当涂县志（1978—2010）》，合肥：黄山书社。

当涂县地名领导小组办公室，1983，《安徽省当涂县地名录》（内部资料）。

当涂县统计局，2009，《2009 当涂县情》（内部资料）。

当涂县兴永乡志编纂小组，1989，《兴永乡志（初稿）》，手抄本。

当涂县志编纂委员会，1996，《当涂县志》，北京：中华书局。

邓岩欣，2008，《当涂境内的吴语》，载王福堂等《吴语研究》，上海：上海教育出版社，第 217—227 页。

饭岛伸子，1999，《环境社会学》，包智明译，北京：社会科学文献出版社。

费孝通，1992，《行行重行行——乡镇发展论述》，银川：宁夏人民出版社。

——，2004，《论人类学与文化自觉》，北京：华夏出版社。

——，2006，《江村经济》，北京：商务印书馆。

——，2007，《志在富民——从沿海到边区的考察》，上海：上海人民出版社。

——，2008，《乡土中国》，北京：人民出版社。

风笑天，2001，《社会学研究方法》，北京：中国人民大学出版社。

冯仕平、张志红，2009，《石桥镇水产品营销大市场走访记》，《马鞍山日报》10月12日第A7版。

高文，2011，《为现代农业发展提供强有力的人才支撑》，《农民日报》10月21日第2版。

洪大用，1999，《西方环境社会学研究》，《社会学研究》第2期。

——，2001，《社会变迁与环境问题——当代中国环境问题的社会学阐释》，北京：首都师范大学出版社。

——，2007，《环境友好型社会与环境社会学建设》，《中国人民大学学报》第1期。

——，2012，《中国经济增长、环境保护与生态现代化》，《中国社会科学》第9期。

洪大用、罗桥，2011，《迈向社会学研究的新领域——全球气候变化问题的社会学分析》，《中国地质大学学报》（社会科学版）第4期。

洪大用、马芳馨，2004，《二元社会结构的再生产——中国农村面源污染的社会学分析》，《社会学研究》第4期。

洪大用、马国栋等，2014，《生态现代化与文明转型》，北京：中国人民大学出版社。

洪大用、肖晨阳等，2012，《环境友好的社会基础》，北京：中国人民大学出版社。

晋松、曾再新，2009，《当涂饮食文化》，长春：银声出版社。

晋松主编，2001，《当涂揽胜》，合肥：黄山书社。

景军，2009，《认知与自觉：一个西北乡村的环境抗争》，《中国农业大学学报》（社会科学版）第4期。

克利福德·吉尔兹，2000，《地方性知识：阐释人类学论文集》，王海龙、张家瑄译，北京：中央编译出版社。

赖特·米尔斯，2005，《社会学的想像力》（第二版），陈强、张永强译，北京：三联书店。

李培林、陈光金，2009，《中国进入发展的新成长阶段》，载汝信、陆学艺、李培林主编《2010年中国社会形势分析与预测》，北京：社会科学文献出版社，第1—15页。

刘文玲、王灿、Spaargaren, G.、Mol, A. P. J.，2012，《中国的低碳转型与生态现代化》，《中国人口·资源与环境》第9期。

刘易斯·科塞，2007，《社会思想名家》，石人译，上海：上海人民出版社。

陆益龙，2004，《流动产权的界定——水资源保护的社会理论》，北京：中国人民大学出版社。

罗伯特·默顿，1986，《十七世纪英国的科学、技术与社会》，范岱年、吴忠、蒋孝东译，成都：四川人民出版社。

——，2008，《社会理论与社会结构》，唐少杰、齐心等译，南京：译林出版社。

罗吉斯、伯德格，1988，《乡村社会变迁》，王晓毅、王地宁译，杭州：浙江人民出版社。

麻国庆，1993，《环境研究的社会文化观》，《社会学研究》第5期。

——，2005，《"公"的水与"私"的水——游牧和传统农耕蒙古族"水"的利用与地域社会》，《开放时代》第1期。

马鞍山市地方志编纂委员会，1992，《马鞍山市志》，合肥：黄山书社。

马鞍山市文化局，2002，《马鞍山市文化志》（印刷资料）。

马鞍山市政协文史和学习委员会，2001，《马鞍山风物志》，长春：时代文艺出版社。

《马克思恩格斯全集》第二十三卷，1972，北京：人民出版社。

马国栋，2011，《发展中的生态现代化理论：阶段、议题与关系网络》，

《中国地质大学学报》（社会科学版）第 5 期。

——，2013，《批判与回应：生态现代化理论的演进》，《生态经济》第 1 期。

鸟越皓之，2009，《环境社会学——站在生活者的角度思考》，宋金文译，北京：中国环境科学出版社。

秦红增，2005，《桂村科技：科技下乡中的乡村社会研究》，北京：民族出版社。

邱泽奇，2005，《技术与组织的互构——以信息技术在制造企业的应用为例》，《社会学研究》第 2 期。

渠敬东、周飞舟、应星，2009，《从总体支配到技术治理——基于中国 30 年改革经验的社会学分析》，《中国社会科学》第 6 期。

荣敬本、崔之元等，1998，《从压力型体制向民主合作体制的转变：县乡两级政治体制改革》，北京：中央编译出版社。

森谷正规，1984，《日美欧技术开发之战：国际技术比较研究论》，吴永顺、陶建明译，北京：科学技术文献出版社。

沈殿忠，2004，《环境社会学》，沈阳：辽宁大学出版社。

沈嘉禄，2007，《嗜蟹的中国人》，《新民周刊》第 36 期。

宋林飞，2007a，《小康社会的来临》，南京：南京大学出版社。

——，2007b，《生态文明理论与实践》，《南京社会科学》第 12 期。

——，2011，《我国经济社会发展呈现新的阶段性特征》，《南京社会科学》第 1 期。

孙金华、陆桂华，2007，《水资源属性与水资源问题强相关分析》，《水资源保护》第 5 期。

王春水，2006，《生态扮靓新农村》，http://www.tangnan.gov.cn/tangnan/showmessage.php?a1=1&id=352，11 月 29 日。

王发信、尚新红、柏菊编著，2007，《平原水网圩区水环境综合治理技术与实践》，南京：东南大学出版社。

王海滨，2009，《生态资本运营》，北京：中国农业大学出版社。

王汉生、王一鸽，2009，《目标管理责任制：农村基层政权的实践逻辑》，《社会学研究》第2期。

王珂、银燕，2013，《第十二届全国人大代表、全国老龄办常务副主任陈传书：必须高度重视农村人口老龄化问题》，http://www.chinallcy.com/article/21953.html，3月6日。

王武、李应森编著，2010，《河蟹生态养殖》，北京：中国农业出版社。

王晓毅，2009，《环境压力下的草原社区——内蒙古六个嘎查村的调查》，北京：社会科学文献出版社。

——，2010，《沦为附庸的乡村与环境恶化》，《学海》第2期。

——，2013，《建设公平的节约型社会》，《中国社会科学》第5期。

王学江、王世焕，2006，《没有新型农民就建不成新农村》，《经济参考报》2月24日第1版。

韦伟主编，2007，《迈向和谐的马鞍山》（《中国国情丛书——百县市经济社会追踪调查·马鞍山卷》），北京：社会科学文献出版社。

吴彤，2007，《两种"地方性知识"——兼评吉尔兹和劳斯的观点》，《自然辩证法研究》第11期。

吴相湘，2001，《晏阳初传——为全球乡村改造奋斗六十年》，长沙：岳麓书社。

熊沈校、严颢，2009，《从竭泽而渔到放水养鱼》，《新华日报》10月1日第Z31版。

徐旺生、闵庆文编著，2008，《农业文化遗产与"三农"》，北京：中国环境科学出版社。

杨善华、孙飞宇，2005，《作为意义探究的深度访谈》，《社会学研究》第5期。

约翰·贝拉米·福斯特，2006，《生态危机与资本主义》，耿建新、宋兴无译，上海：上海译文出版社。

约翰·汉尼根，2009，《环境社会学》（第二版），洪大用等译，北京：中国人民大学出版社。

张军,2005,《我国农业科技成果现存问题的政策探讨》,《宏观经济研究》第 10 期。

张茂元,2009,《技术应用的社会基础》,《社会》第 5 期。

张茂元、邱泽奇,2009,《技术应用为什么失败》,《中国社会科学》第 1 期。

张少兵、王雅鹏,2007,《农业科技供需双重不足分析以粮食安全为例》,《科学管理研究》第 5 期。

张燕、邱泽奇,2009,《技术与组织关系的三个视角》,《社会学研究》第 2 期。

赵崔莉,2006,《清代皖江圩区社会经济透视》,合肥:安徽人民出版社。

赵延东,2003,《社会资本理论的新进展》,《国外社会科学》第 3 期。

郑杭生,2009,《促进中国社会学的"理论自觉"——我们需要什么样的中国社会学?》,《江苏社会科学》第 5 期。

——,2011,《学术话语权与中国社会学发展》,《中国社会科学》第 2 期。

郑杭生主编,1994,《社会学概论新修》,北京:中国人民大学出版社。

中国现代化战略研究课题组、中国科学院中国现代化研究中心编,2007,《中国现代化报告 2007——生态现代化研究》,北京:北京大学出版社。

中华人民共和国农业部,2009,《河蟹技术 100 问》,北京:中国农业出版社。

周泽江、宗良纲等主编,2004,《中国生态农业和有机农业的理论与实践》,北京:中国环境科学出版社。

周振超,2009,《当代中国政府条块关系研究》,天津:天津人民出版社。

朱启臻,2009,《农业社会学》,北京:社会科学文献出版社。

Ahmad, A. 1989, "Evaluating Appropriate Technology for Development: Before and After." *Evaluation Review* 13 (3): 310–319.

Albrecht, D. E. & Murdock, S. H. 1990, *The Sociology of US Agriculture: An Ecological Perspective*. Ames: Iowa State University Press.

Basu, S. & Weil, D. N. 1998, "Appropriate Technology and Growth." *The Quarterly Journal of Economics* 113 (4): 1025 – 1054.

Bell, M. 2004, *An Invitation to Environmental Sociology* (2nd ed.). CA: Pine Forge Press.

Brown, L. R. 2003, *Plan B: Rescuing a Planet under Stress and a Civilization in Trouble*. New York: W. W. Norton & Company.

——2006, *Plan B 2.0: Rescuing a Planet under Stress and a Civilization in Trouble*. New York: W. W. Norton & Company.

Buttel, F. H & Humphrey, C. R. 2002, "Sociological Theory and the Natural Environment." In Dunlap. R. E & Michelson. W. (eds.), *Handbook of Environmental Sociology*. Westport, CN: Greenwood Press.

Buttel, F. H, Larson, O. F. & Gillespie, G. W. 1990, *The Sociology of Agriculture*. New York: Greenwood Press.

Buttel, F. H. 1993, "The Sociology of Agricultural Sustainability: Some Observations on the Future of Sustainable Agriculture." *Agriculture, Ecosystems and Environment* 46: 175 – 186.

——2000, "Ecological Modernization as Social Theory." *Geoforum* 31 (1): 57 – 65.

Carson, R. 1962, *Silent Spring*. Boston: Houghton. Mifflin.

Catton, W. R. Jr. & Dunlap, R. E. 1978a, "Environmental Sociology: A New Paradigm." *The American Sociologist* 13 (1): 41 – 49.

——1978b, "Paradigms, Theories, and the Primacy of the HEP-NEP Distinction." *The American Sociologist* 13 (4): 256 – 259.

Cernea, M. M. 1996, *Social Organization and Development Anthropology: The 1995 Malinowski Award Lecture*. Washington, D. C.: World Bank.

Christoff, P. 1996, "Ecological Modernization, Ecological Modernities." *Evir-*

onmental Politics 5 (3): 476 – 500.

Cohen, M. J. 2006, "Ecological Modernization and Its Discontents: The American Environmental Movement's Resistance to an Innovation-driven Future." *Future* 38 (5): 528 – 547.

Diamant, B. Z. 1984, "Appropriate Sanitation Technology for the Decade in Africa." *The Journal of the Royal Society for the Promotion of Health* 104 (3): 85 – 90.

Dimitri, C. & Greene, C. 2007, "Recent Growth Patterns in the US Organic Foods Market." In Wellson, A. J. (ed.), *Organic Agriculture in the US*. New York: Nova Science Publishers, Inc

Dobson, A. 2003, *Citizenship and the Environment*. Oxford: Oxford University Press.

Dunlap, R. E. & Catton, W. R. Jr. 1979, "Environmental Sociology." *Annual Review of Sociology* 5 (1): 243 – 273.

Dunlap, R. E. & Jones, R. E. 2002, "Environmental Concern: Conceptualand Measurement Issues." In Dunlap, R. E. & Michelson, W. (eds.), *Handbook of Environmental Sociology*. Westport, CT: Greenwood Press.

Dunlap, R. E. & Martin, K. E. 1983, "Bringing Environment into the Study of Agriculture." *Rural Sociology* 48 (2): 201 – 218.

Evenson, R. E. 1981. "Benefits and Obstacles to Appropriate Agricultural Technology." *The Annals of the American Academy of Political and Social Science* 458 (1): 54 – 67.

Fisher, D. R. & Freudenburg, W. R. 2001, "Ecological Modernizition and Its Critics: Assessing the Past and Looking Toward the Future." *Society and Natural Resources* 14 (8): 701 – 709.

Freudenburg, W. R. 1986, "Social Impact Assessment." *Annual Review of Sociology* 12 (1): 451 – 478.

——1988, "Perceived Risk, Real Risk Social Science and the Art of Probabilistic Risk Assessment." *Science* 242 (4875): 44 – 49.

Funabashi, H. 2006, "Minamata Disease and Environmental Governance." *International Journal of Japanese Sociology* 15 (1): 7 – 25.

Goodman, D. & DuPuis, E. M. 2002, "Knowing Food and Growing Food: Beyond the Production-Consumption Debate in the Sociology of Agriculture." *Sociologia Ruralis* 42 (1): 5 – 22.

Gould, K. A., Pellow, D. N., & Schnaiberg, A. 2008, *The Treadmill of Production: Injustice and Unsustainability in the Global Economy*. Boulder: Paradigm Publishers.

Hannigan, J. A. 2006, *Environmental Sociology: A Social Constructionist Perspective*. London and New York: Routledge.

Hardin, G. 1968, "The Tragedy of the Commons." *Science* 162 (3859): 1243 – 1248.

—— 1998, "Extensions of 'the Tragedy of the Commons'." *Science* 280 (5364): 682 – 683.

Harper, C. L. 1996, *Environment and Society: Human Perspectives on Environmental Issues*. Upper Saddle River, New Jersey: Prentice Hall.

Harrison. A. 1989, "Introducing Natural Capital into the SNA." In Ahmad, Y. J., Serafy, E., & Lutz, E. (eds.), *Environmental Accounting for Sustainable Development*. Washington, D. C.: World Bank.

Harte, M. J. 1995, "Ecology, Sustainability, and Environment as Capital." *Ecological Economics* 15 (2): 157 – 164.

Hartwick, J. M. 1991, "Degradation of Environmental Capital and National Accounting Procedures." *European Economic Review* 35 (2): 642 – 649.

Kaltoft, P. 2001, "Organic Farming in Late Modernity: At the Frontier of Modernity or Opposing Modernity?" *Sociologia Ruralis* 41 (1): 146 – 158.

Kristiansen, P. & Merfield, C. 2006, "Overview of Organic Agriculture." In Kristiansen, P., Taji, A., & Reganold, J. (eds.), *Organic Agricul-*

ture: *A Global Perspective*. Collingwood: CSIRO Publishing.

Milanez, A & Buhrs, T. 2007, "Marrying Strands of Ecological Modernisation: A Proposed Framework." *Environmental Politics* 16 (4): 565 – 583.

Mol, A. P. J. & Sonnenfeld, D. A. 2000, "Ecological Modernisation around the World: An Introduction." In Mol, A. P. J. & Sonnenfeld, D. A. (eds.), *Ecological Modernisation around the World*. London: Frank Cass.

Mol, A. P. J. 1996, "Ecological Modernisation and Institutional Reflexivity: Environmental Reform in the Late Modern Age." *Environmental Politics* 5 (2): 302 – 323.

——2000, "The Environmental Movement in an Era of Ecological Modernisation." *Geoforum* 31 (1): 45 – 56.

——2006, "Environment and Modernity in Transitional China: Frontiers of Ecological Modernization." *Development and Change* 37 (1): 29 – 56.

Orlove, B. S. & Brush, S. B. 1996, "Anthropology and the Conservation of Biodiversity." *Annual Review of Anthropology* 25 (1): 329 – 352.

O'Connor, M. 1993, "Value System Contests and the Appropriation of Ecological Capital." *The Manchester School* 61 (4): 398 – 424.

Pan, Y. Z. et al. 2005, "Measurement of Ecological Capital of Chinese Terrestrial Ecosystem Based on Remote Sensing." *Science in China Series D: Earth Sciences* 48 (6): 786 – 796.

Pearce, D. W. & Turner, K. R. 1990, *Economics of Natural Resources and Environment*. New York: Harvester Wheat Sheaf.

Rogers, E. M. & Burdge, R. J. 1972, *Social Change in Rural Societies: An Introduction to Rural Sociology* (2nd ed.). New York: Appleton-Century-Crofts.

——1988, *Social Change in Rural Societies: An Introduction to Rural Sociology*. (3rd ed.). New Jersey: Prentice-Hall, Inc.

Rogers, E. M. 1962, *Diffusion of Innovations*. New York: Free Press.

——1988, "The Intellectual Foundation and History of the Agricultural Extension Model." *Science Communication* 9 (4): 492 – 510.

——2002, "The Nature of Technology Transfer." *Science Communication* 23 (3): 323 – 341.

Rosset, P. M. 2005, "Cuba: A Successful Case Study of Sustainable Agriculture." In King, L & McCarthy, D. (eds.), *Environmental Sociology: From Analysis to Action.* Lanham: Rowman & Littlefield Publishers, Inc.

Ryan, B. & Gross, N. C. 1943, "The Diffusion of Hybrid Seed Corn in Two Iowa Communities." *Rural Sociology* 8 (1): 15 – 24.

Sarageldin, I. 1995. *Sustainability and the Wealth of Nations: First Steps in an Ongoing Journey.* Washington, DC: World Bank.

Schnaiberg, A. & Gould, K. A. 1994, *Environment and Society: The Enduring Conflict.* New York: St. Martin's Press.

Schnaiberg, A. 1975, "Social Syntheses of the Societal-Environmental Dialectic: The Role of Distributional Impacts." *Social Science Quarterly* 56 (1): 5 – 20.

——1980, *The Environment: From Surplus to Scarcity.* New York: Oxford University Press.

Schumacher, E. F. 1973, *Small is Beautiful: Economics as if People Mattered.* New York: Harper & Row.

Scott, J. C. 1998, *Seeing Like a State: How Certain Schemes to Improve the Human Condition Have Failed.* New Haven & London: Yale University Press.

Segal, A. 1992, "Appropriate Technology: The African Experience." *Journal of Asian and African Studies* 27: 124 – 133.

Serafy, El. 1989, "Environmental and Resource Accounting: An Overview."

In Ahmad, Y. J., Serafy, El., & Lutz, E. (eds.), *Environmental Accounting for Sustainable Development*. Washington, D. C.: World Bank.

——1991. "The Environment as Capital." In Costanza, R. (ed.), *Ecological Economics*. New York: Columbia University Press.

Seyfang, G. 2006, "Ecological Citizenship and Sustainable Consumption: Examining Local Organic Food Networks." *Journal of Rural Studies* 22 (4): 383 – 395.

Sonnenfeld, D. A. & Mol, A. P. J. 2002, "Ecological Modernization, Governce, and Globalization: Epilogue." *American Behavioral Scientist* 45 (9): 1456 – 1461.

Spaargaren, G. & Mol, A. P. J. 1992, "Society, Environment, and Modernity: Ecological Modernization as a Theory of Social Change." *Society and Natural Resources* 5 (4): 323 – 344.

Tovey, H. 1997, "Food, Environmentalism and Rural Sociology: On the Organic Farming Movement in Ireland." *Sociologia Ruralis* 37 (1): 21 – 37.

Varma, R. 2002, "E. F. Schumacher: Changing the Paradigm of Bigger Is Better." *Bulletin of Science Technology Society* 23 (2): 114 – 124.

Victor, P. A. 1991, "Indicators of Sustainable Development: Some Lessons from Capital Theory." *Ecological Economics* 4 (3): 191 – 213.

Warner, K. D. 2008, "Agroecology as Participatory Science." *Science Technology & Human Values* 33 (6): 754 – 777.

York, R. & Rosa, E. A. 2003, "Key Challenges to Ecological Modernization Theory." *Organization & Environment* 16 (3): 273 – 287.

后 记

本书是在我的博士学位论文基础上修改而成的。"落其实者思其树，饮其流者怀其源"，在本书出版之际，我要向恩师、家人以及为本项调查与研究提供过帮助的有关机构和朋友致以诚挚的谢意。他们是本书得以成型的源泉，也是我人生成长与发展阶段的重要财富。

最诚挚的感恩，首先献给我的导师陈阿江教授。我2006年9月被保送到社会学系攻读硕士学位，当时，在选择他做导师的众多学生中，我的专业基础非常薄弱。但陈老师还是给予了信任，让我加入了"陈门"。当时，恰逢他从美国访学回国，开始系统地做环境社会学研究。这在当时是个新兴的研究领域，国内只有几位学者在做研究，正是陈老师带我走进了这个新兴的、朝阳的学术领域。四年半的硕博连读生涯，陈老师的教导让我受益匪浅，也让我切身感受到了学术的使命和意义。在写作风格上，陈老师主张朴实的风格，这与他一直研读费孝通先生的著作有关。其实，我更崇尚的是他的创造性、前瞻性的学术思维。陈老师多次对我说过，学术研究一要严谨，二要创新。他本人就一直身体力行着扎根本土社会的原创性研究。我相信，这种研究最有生命力。陈老师的这种学术风格影响了我对学术的认识，改变了我对很多问题的看法，使我走上了科学研究的道路。在他的影响下，我乐于从事学术研究，并对自己的职业有着强烈的归属感。

感谢William R. Freudenburg教授。他2007年7月应邀到北京参加首届中国环境社会学国际学术研讨会，我有幸认识他。后来，我就公派出国留学向他提出申请，他欣然答应。遗憾的是，在去美国学习之前，他已患上癌症，并一直在做化疗。我到加州大学圣巴巴拉分校后，听了他开设的 Introduction to Environmental Studies 课程。2010 年 9 月至 10 月，他还需要拄着拐杖到学校。但即使是这样，他每次上课之前仍然要到办公室认真地备课，查看课件。这种严谨的治学精神，是我需要终生学习的。尽管大部分时间在做疗养，他仍对我在美的学习与生活给予了很多关心，并提供了丰富的学术资源。2010 年 12 月底，收到先生于 12 月 28 日因胆管癌与世长辞的邮件，顿时陷入伤感。永远缅怀先生！

感谢施国庆教授、王毅杰教授、徐琴研究员、余文学研究员、陈绍军教授、高燕副教授、顾金土副教授等诸位老师。他们的传道、授业、解惑为我开启了知识之门。其中，特别感谢施国庆教授，他对我的学习和生活给予了很多的关心和指导，并一直关心着我的论文质量和研究进展。在博士论文开题、外审、预答辩以及答辩等诸环节，有关专家提出了建设性的批评和修改意见，对论文修订起到了重要作用。在预答辩和答辩环节，朱力教授、陈友华教授、邹农俭教授、施国庆教授、陈阿江教授、王毅杰教授、徐琴研究员、陈绍军教授、杨文健教授等都提出了有益的批评意见，对论文的后续完善起到了重要作用。

感谢国家留学基金委资助我到美国学习。在美期间，很多良师益友提供了无私的帮助。我要感谢加州大学圣巴巴拉分校的 Hutton 女士，她为我的学习和生活给予了很多具体的帮助。我还要感谢"International Students, Inc."这个服务国际学生的组织为我理解美国社会与文化提供了很多帮助。其中，特别感谢 Tim、Steve、Molly、Gary、Hannah 所提供的积极帮助。我也要在此感谢王勉博士、张学峰博士等华人朋友，和他们的交流与讨论，让我获益颇丰。也借此机会感谢华东理工大学社会学系的王芳教授，在美国的共同岁月里，我不仅从王老师那里获得了思想启迪，还得到了热情的帮助，在此深表谢意。

实地调查期间，有关机构和朋友提供了热情帮助。当涂县政府办公室、县委政策研究室、县农委、县志办、水产局、水产科学研究所、水利局、环保局、统计局以及大公圩内的乡镇政府、渔业公司和相关领导给我提供了诸多便利。其中，特别感谢陶顺宝、刘小达、陶红革、孙文贤、郑生才、张国民、郭茂红、童扬元、杨勇、蔡典明、高方平、严爱平、完世宏、徐书龙等诸位先生所提供的帮助。我还要感谢于灯春、于道生、张厚冰、庄木林、汪东升以及诸多未曾记下名字的蟹农朋友，他们接受了我的多次访谈，提供了丰富的第一手资料和鲜活的写作素材。同时，他们在生态养殖中创造的口头禅、顺口溜和民间谚语还被我直接应用到本书中。感谢我的师兄任克强博士。时常与师兄敞开心扉交流学术问题，每次我都获益良多。2011年夏季我去做回访研究时，他还陪我一起开展调查，帮我梳理素材，令我非常感动。感谢好友陶磊博士，作为当地人，他向我提供了很多有价值的有关大公圩的信息，对我理解当地社会与文化提供了重要帮助。

感谢诸位同门。和他们的日常交流与学术辩论，让我对有关问题的思考更加深入。其中，我要特别感谢任克强、耿言虎、王婧、刘丹、李彩虹、唐国建，他们对本书提出了有益的修改意见，为本书的完善提供了积极的帮助。王婧、耿言虎和黄莉等师弟、师妹随我在太湖流域和大公圩等地开展田野调查期间，帮我整理了访谈记录。在此，我一并表示衷心的感谢。

感谢我的工作单位中国海洋大学法政学院。这是一个能够容纳各种思想交流与碰撞的学院。来到这个新单位，我没有"转方向"方面的困扰，相反，我在自由地坚持环境社会学研究的同时，还发现了新的、非常重要的研究领域与研究议题。感谢法政学院院长徐祥民教授、党委书记崔凤教授、常务副院长刘惠荣教授、副院长王琪教授以及同春芬教授和王书明教授。他们学识渊博，在与他们的交流中，我总能获得学术思想的启迪。同时，他们还对我这样一个外来的后生给予了很多无私的关怀、帮助与支持。崔凤教授还提供了出版资助，我对此甚为感激。此外，我还要感谢赵宗金博士、宋宁而博士、张一博士、允春喜博士、王刚博士、王印红博士、孙凯博士、弓联兵博士等年轻同事，与他们的相处非常愉快，在与他们的交流中，我学到了很多东西。

本书出版得到中国海洋大学"985工程"海洋发展人文社会科学研究基地建设经费和教育部人文社科重点研究基地中国海洋大学海洋发展研究院的资助。本书写作所依据的田野调查得到国家社科基金项目"'人—水'和谐机制研究——基于太湖、淮河流域的农村实地调查"（项目编号：07BSH036）和江苏省研究生科研创新计划项目"生态现代化视角下的协调发展机制研究——以当涂模式为个案"（项目编号：CX08B_006R）资助，在此一并说明并致谢。此外，我还要衷心感谢本书的责任编辑刘荣和责任校对王海钊，他们一丝不苟的工作作风和专业细致的编校，使本书的相关表述更加规范。

最后，感谢父母的养育之恩。他们用勤劳的汗水滋养着我的成长，用数年的不辞辛劳和任劳任怨给我提供着最坚强的支持，而我至今尚未能够做出应有的回报，心中甚为愧疚！

本书出版之前，笔者再次到大公圩开展回访研究，更新了相关材料和主要数据。但因为学识和能力的限制，本书必定还存在这样或那样的缺陷与不足，恳望学界前辈、同行与读者的批评与指正！

陈　涛

初稿于 2010 年 7 月 12 日

修改于 2010 年 12 月 7 日

定稿于 2014 年 2 月 20 日

索引

B

本土化 64，68，70—71，74

本土知识 17，133—136

标准化 44，64—68，74，80，94，110，118，122，150

表证农家 57

C

参与式观察 21—22

产业变迁 35，40

产业布局 87—88

产业化 10，83，94

产业危机 109

产业转型 1，6—8，15，17—18，27，75，93，97—99，102—103，106，125，128，140，143，147，155，170—172，176—177

产业转移 170，173，176—177

初级市场 75，115—117，119

粗放型产业 1，6，170

D

大公圩 1，4—8，22—24，27—28，31—39，42—44，46，52—53，61，63，74—75，81—84，87—92，98—100，103，105—106，109—111，115—127，129—131，135，137，139，149—151，153，155—156，160，162，165，167—168，170—171，173—177

大养蟹 6，10，36—40，42，44，45，91—92，107，155，175

当涂模式 30—31，34，136

倒逼机制 170，173

稻蟹共生 126—127，129

稻鱼共生 126—127

低文化 72，160

底层社会 46，72，170

地方实践 170，172

地方文化 18，168

地方性知识 40，71，132，134，

地方志 23，28—31，37，61，80—81，84—85，93，110，116，126，128

地域社会　6，32，35，41，148，150—152，159—160

订单农业　79

定量研究　18

定性研究　18

E

二元社会结构　9

F

肥水渔业　170

妇女化　72，160

G

工业革命　103，107，171

工业化　1，10，12—13，32，88，92，104，157，170，173—174，176—177

国际市场　111，115，118—119

H

合作社　76，79—80，83，94，151，153，161

河蟹产业　1，5—8，22，24，27—28，30—31，34—36，38，40—46，51，62，75，83—93，96，98，106，111，118，124—127，129—130，132—133，136，140—141，143，146，148—152，154—155，159—160，163，166，168—172，175—176

互利共生　1，4，7，14，17，36，43，100，103，126，127，170—171，176

环境保护　1，4，7，14—15，17，27，36，43，89，99—100，102—103，105—107，112，126—127，135，143，155—159，166—167，170—172，175—176

环境关心　153，156

环境纠纷　170

环境抗争　4，18

环境库兹涅茨曲线　171

环境社会学　1，2，4，6，9—12，108，148—149，156

环境行为　143，151，156—157，159

环境意识　41，106，109，142—143，151，153，155—157，172

环境知识　125，131，151，153—157

环境治理　13—15，135，170，172，

回访研究　22

J

技术革新　7，57—59，129，131，133，142，146，170，172，176

技术规范　64—66，68—71，130

技术推广　46，48—52，54，56—57，60—65，67—74，81—82，85，94，136

价值相关　26

价值中立　26

健康意识　106，109，113

竭泽而渔　40，107

经济基础　8，17，98，104，162，172

经济人　97，105，107

经济效益　17，37，40，43，59，80，

100，102—104，107，121，126，130，140，143，145—146，148，155—156，159，162—163，168，175

净水渔业　170

K

可持续发展　1，5—6，15，17—18，38，89，99—103，120，130，150，174，175

空心化　160

L

老龄化　72，160

类公司制　78

两难论　170，171

绿色食品　87，110，118，126

M

面源污染　9—11，38

民间社会制度　151—152，159，166

民间实践　8，125，129—133

民间组织　75—76，79，152，172

目标管理责任制　85，91—92

N

农村快速评估　21—22

农家乐　121

农业从业者　71—72，74，175

农业工业化　10

农业技术　46，48—49，57，60—62，64，68，70—74

农业技术推广　46，48，60—61，70—74

农业经济　30，46，87—88，120，123，150

农业社会学　11—12

农业污染　9，11，38，48

P

螃蟹节　90，122—124

Q

浅生态学　105，159

R

人口结构　159—160

人文主义　18

S

社会冲突　2，4，95，173

社会分层　151—152，159，161—164

社会福利　108，151，159，164—165

社会功能　66，75

社会结构　9—11，41，62，74，85，87，108，148，151—152，159—160

社会逻辑　167，170

社会群体　109，151，153，160—161，163，168

社会适应性　46，62，69，71，73—74

社会网络　58，151，161—163

社会文化观　98

社会文化机制　1，5—8，170—171

社会文化效应　8，148，152

社会系统　15，102，108，143，146，177

社会效益　43，106，126，164，175

社会效应　81，107，149

社会影响　2—3，9，67，148—150，152，162

社会资本　99，101，162—163

社会组织　10，58，75—76，151，159，160—161

深度访谈　22，25

深生态学　105，159

生产的跑步机　13，108

生活环境主义　6，132

生态公民　157—159

生态技术　46，49—50，52—54，56—64，67—71，74，81—82，134，136，146，154，163

生态技术推广　49—50，52，54，56—57，60，62—64，68，74，82

生态理性　14，107

生态利益自觉　7，17—18，125，136，141—143，145—147，156，172

生态农业　10，87—88，99—100，103—104，106，138，172，174

生态平衡　10，16，32，43，141，167

生态文明　15，86，133—136，159，170，172，175

生态系统　1，3，6，9，10，17，31，41—43，88，101—103，107—108，121，131，135，139，143，157，171，177

生态现代化　5，9，12—15，20，45

生态效益　43，126，130，175

生态养殖　5—7，22—25，30—31，34—36，39—46，50—51，53—54，56，58—62，64—66，68—71，76—79，81—84，86—96，102，105—107，115—117，119—120，122，125，129—147，149—157，160—168，170—171，174—177

生态难民　104

生态移民　4，170

生态知识　129，132，134—135

生态资本　8，98—108，119—120，172

生态自发　125，136，139，146—147

生物多样性　6，16，43，51，104，138

实证主义　18

市场化　83，102—103，120

市场机制　13，15，102

适用技术　8，45，67，74，172

水产协会　23—24，79，83—84，162

水环境　3—4，10，17，43，89，96，98，135，140，144，154，156—157，167

水土不服　20，71，73，125，127，129

水质　6，23，25，38—40，42—44，54，65—66，68—69，77—78，96，121，132，139，141，143，145，154—155，165

T

梯度转移　4，176

梯级层次　56，60

体制性缺陷　48—49，52

田野调查　4—5，20—21，24—25，27，40，98—99，119，154，161

土专家　68—71

W

圩田　10，28，31—34

圩田开发　28，32—33

圩田系统　10，31—32

文献法　23

问题意识　21—22

污染转移　172

无工不富　170，173

无工不强　173

X

县域　28，30，64，87，92，107，137

现代化　1，3，5，9—10，12—16，19—20，45，104，138，170，174

现代农业　11，57，72，75，108，112，122—123，176

现代社会　9，19，82，84，104，105，126，134—135，153，167—168，171

现代性　1，3，133—135

乡镇企业　38，173

项目社会　148—150，152

项目社会评价　148，152

消费心理　109

蟹村　6，22，168

蟹农　75，79—80，83—84，86，96，106，127—129，142，161，165，168

休闲产业　121

休闲观光　31，44，122

休闲旅游　106，120，121

休闲渔业　87，106，120—122

学术话语权　19

循环农业　127，175

Y

亚文化　151，159，168

养大蟹　6，36，41—44，91—92，107，175

养殖户　6，25—26，38—43，49—60，63—71，79—80，82，86，89，90，95—96，116—117，127—128，130—131，133，137，139，143—147，151—155，157，160—163，165，167

以水养蟹　42—43

以蟹保水　42—43

银发浪潮　72

有机河蟹　44，84，108—111，115

有机农业　11，12，16—17，111—112，120，129，134，138

有机食品　102，104，110—111，112—115，174

鱼米之乡　33，88，120，173

渔业协会　31，34，151

Z

招商引资　90—92，99，105—107，116，120，122，124，156—157

政绩考核　85，90—93

中间技术　67—68

组织体系　8，46，49，75，172

图书在版编目(CIP)数据

产业转型的社会逻辑：大公圩河蟹产业发展的社会学阐释/陈涛著. —北京：社会科学文献出版社，2014.8
（海洋与环境社会学文库）
ISBN 978 - 7 - 5097 - 6068 - 0

Ⅰ.①产… Ⅱ.①陈… Ⅲ.中华绒螯蟹 - 养蟹 - 产业发展 - 产业社会学 - 研究 - 中国 Ⅳ.①F326.4

中国版本图书馆CIP数据核字（2014）第106396号

·海洋与环境社会学文库·
产业转型的社会逻辑
——大公圩河蟹产业发展的社会学阐释

著　　者 / 陈　涛

出 版 人 / 谢寿光
出 版 者 / 社会科学文献出版社
地　　址 / 北京市西城区北三环中路甲29号院3号楼华龙大厦
邮政编码 / 100029

责任部门 / 社会政法分社（010）59367156　　责任编辑 / 刘　荣
电子信箱 / shekebu@ ssap. cn　　　　　　　责任校对 / 王海钊
项目统筹 / 童根兴　　　　　　　　　　　　责任印制 / 岳　阳
经　　销 / 社会科学文献出版社市场营销中心（010）59367081　59367089
读者服务 / 读者服务中心（010）59367028

印　　装 / 三河市尚艺印装有限公司
开　　本 / 787mm×1092mm　1/16　　　　印　张 / 13.5
版　　次 / 2014年8月第1版　　　　　　　 字　数 / 193千字
印　　次 / 2014年8月第1次印刷
书　　号 / ISBN 978 - 7 - 5097 - 6068 - 0
定　　价 / 59.00元

本书如有破损、缺页、装订错误，请与本社读者服务中心联系更换

▲ 版权所有　翻印必究